희망의 이미지

전례력 둘러보기

Nihil Obstat:
Rev. Raphael Jung
Censor Librorum
Imprimatur:
Most Rev. John Baptist Jung Shin-chul, S.T.D., D.D.
Episcopus Dioecesanus Incheonensis
2021. 03. 12.

희망의
이미지
전례력 둘러보기

교회인가 2021년 3월 12일
초판 1쇄 발행 2021년 4월 15일

지은이 요셉 라칭거
옮긴이 정종휴

펴낸이 김상인
펴낸곳 위즈앤비즈
편집 유태근, 이건우, 염지유, 오민석
디자인 박은영
주소 경기도 김포시 고촌읍 신곡로 134
전화 031-986-7141 **팩스** 031-986-1042
출판등록 2007년 7월 2일 제409-3130000251002007000142호

ISBN 978-89-92825-06-1 03230
값 13,000원

Joseph Ratzinger / Benedikt XVI., Bilder der Hoffnung. Wanderungen im Kirchenjahr
ⓒ Libreria Editrice Vaticana ⓒ 1997 Verlag Herder GmbH, Freiburg im Breisgau

Das Lamm erlöste die Schafe
in: Schauen auf den Durchbohrten, Versuche zu einer spirituellen Christologie, 93–101.
ⓒ Johannes Verlag, Einsiedeln 1984; Johannes Verlag Einsiedeln, Freiburg ³2007

성경 ⓒ 한국천주교중앙협의회, 2021.

요셉 라칭거 교황 베네딕토 16세

희망의
이미지
전례력 둘러보기

정종휴 옮김

위즈앤비즈
Wisdom & Vision

요셉 라칭거(베네딕토 16세 교황)는
섬세한 감각으로 이 그림들에 담긴 고유한 언어들을
오늘날의 우리가 이해할 수 있는 내용으로 옮긴다.
그러면서 저 그림들은 그저 교회의 희망을 담은 표현들로
끝나는 게 아니라, 사람들 저마다의 희망을 위한
바탕이 되는 온갖 접점들이 된다.

라칭거(교황 베네딕토 16세)의 70세 생신을 기념하여

제대로 보고 '읽을' 줄 안다면, 그림은 수많은 말보다 더 많은 말을 할 수 있다.

라칭거 추기경(베네딕토 16세 교황)은 교회력에 나오는 축일에 맞춰 명상과 함께 본보기가 되는 그림들, 그러니까 그저 모습을 담아내는 표현에 그치지 않고 그와 동시에 신앙의 접점이자 경험의 현장이 되는, 그런 그림들을 둘러본다.

그림의 어느 작은 부분이거나 또 그저 곁다리로 들어간 듯한 것들도 많지만, 자세히 들여다보면 그 근본 내용이 확연하게 드러난다. 풍부한 지식과 그림 나름의 언어에 대한 매우 섬세한 감각으로 작가는 그림들 속에 담긴 깊은 내용을 들춰 보여준다.

길가에 있는 표시들이 길 그 자체를 가리키는 이정표가 된다. 그래서 방향을 정할 수 있게 하고, 보는 이로 하여금 신앙을 통해 그림 속에 들어가게 한다. 그림이 보는 이를 제 속에 받아들이는 것이다. 동방교회도 마찬가지로 — 어쩌면 서방교회보다도 더 많이 — 그림들을 성스러운 존재와의 생생한 만남이 일어나는 자리로 여겼다.

6

'희망의 이미지' – 이 말은 세 겹의 뜻으로 이해해야 한다. 여기서 풀이되는 그림들은

1) 교회의 희망을 그대로 담아냈고,

2) 성공한 삶의 본보기가 되었으며,

3) 보는 이로 하여금 그 나름의 신앙을 다져 세우도록 하는 것이다.

차 례

로마에서 지내는 해가 거듭되면서 바이에른 룬트풍크 방송
사로부터 교회 전례력의 주요 축일들에 즈음한 명상에 자주
초대를 받았습니다. 그럴 때마다 제가 부탁받은 것은 대부분
로마 교회에 무척 많은 위대한 그림들 가운데 하나를 해석하
는 일이었습니다. 제 일흔 번째 생일이 다가오면서 제 형님
이 재촉하셨어요. 해석을 할 때 썼던 글들을 한데 모아 그림
들과 그 그림들에 연결된 생각들을 맞추어서 순간으로 그치
는 라디오나 텔레비전 방송에서의 만남을 벗어나 고정시킴으
로써 교회 축일들의 이해에 보탬을 줄 수 있는 작은 책을 꾸
려낼 수 있을지 보자고요. 이 계획을 두고 대부분의 명상을
준비하고 대부분의 그림들을 골랐던 바이에른 방송사의 교회
담당자인 빌리발트 라이어제더(Willibald Leierseder) 신부님, 그
리고 헤르더 출판사와 함께 이야기하게 되었지요. 그렇게 해
서 마침내 생겨난 게 바로 이 작은 책인데, 우연의 도움이 없
다고 할 수 없겠지만, 그래도 오늘날 우리에게 쏟아져 밀려

오는 온갖 그림이며 정보들의 홍수 속에서 안타까이 그리워할 때가 많은 내적 관조를 다시 배우고 희망의 소식을 다시 좀 더 뚜렷하게 이해하여 받아들이는 데 도움이 될 수도 있지 않을까 싶습니다.

누구보다 고마워해야 할 분은 저의 형, 레겐스부르크 대성당 합창단 상임지휘자를 그만둔 게오르크 라칭거(Georg Ratzinger) 몬시뇰입니다. 형님의 끈질긴 설득과 격려가 없었더라면 이런 책을 꾸려내는 일은 엄두도 내지 못했겠지요. 또 라이어제더 신부님과 명상에 대한 주제와 그림들을 미리 마련해 준 바이에른 방송국 책임자들에게도 고마움을 전합니다. 또 독자 여러분이 기쁘도록 이 작은 책을 읽을 수 있도록 온갖 배려를 해준 헤르더 출판사에도 사의를 표합니다.

1996년 성 아우구스티노 축일 로마에서

요셉 라칭거(베네딕토 16세 교황)

Bilder der Hoffnung

Images of Hope

구웟가의 황소와 나귀
'하다마르의 구유'에서 나오는 세부그림, 헬무트 피콜루아즈 작.

주님 탄생 예고

로마의 산타 마리아 마죠레 대성당 궁륭문(개선문)의 모자이크

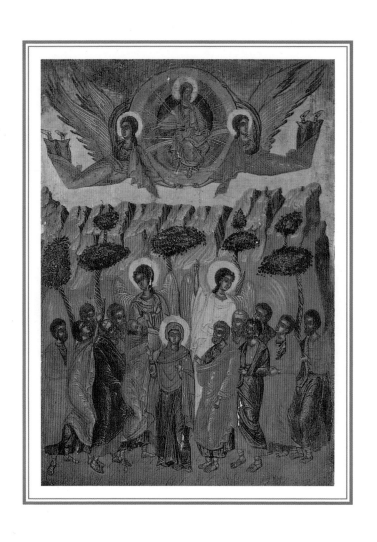

그리스도의 승천
17세기 그리스의 거룩한 초상(성상)

성 삼위일체

아토스의 도히아리오우(Dochiariou) 수도원의 식당으로 들어가는
현관홀 둥근 지붕의 프레스코

로마 시내 산 클레멘테 성당 반원 꼴 우묵벽(벽감)의
모자이크(세부그림)

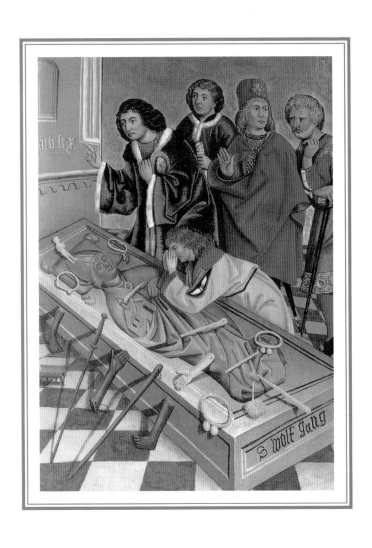

레겐스부르크 성 볼프강의 무덤가에서 도움을 구하는 신자

1500년경의 그림

애도
로마의 캄포 산토 테우토니코 성 마리아 델라 피에타 제단 뒷벽장식의
가운데 그림

로마 코에메테리움 마이우스에서 나온 프레스코

2세기 전반

Bilder der Hoffnung

Images of Hope

Bilder der Hoffnung

Images of Hope

구윳가의 황소와 나귀

성탄절을 맞아 우리는 이 성대한 축제 기간에 현실의 온갖 분주함 가운데 조금이나마 생각과 기쁨을 누리고 또 우리 주님의 자비와 만나서 계속 살아갈 새로운 용기를 선물로 받기를 마음으로 바랍니다. 이 축제가 오늘날의 우리에게 무슨 말을 해줄 수 있는지를 놓고 짧게나마 생각을 해본다면, 성탄 축제가 생겨나 자리 잡게 되는 과정을 잠깐 훑어보는 일이 그 생각을 시작하는 데 도움이 되지 않을까 싶습니다.

애초 교회의 전례력은 그리스도의 탄생을 기준으로 하지 않고 부활에 대한 믿음으로부터 생겨나 발전하였습니다. 그래서 모든 그리스도교인의 맨 처음 축제는 성탄절이 아니라 부활절입니다. 왜냐하면 실제로 부활이 있고 나서야 비로소 그리스도교 신앙이 세워져 교회가 되었기 때문입니다. 그런 까닭에 이미 안티오키아의 성 이냐시오(Saint Ignatius of Antioch, 늦어도 A.D. 117년 사망)는 그리스도교인을 가리켜 "더 이상 안식일을 지키지 않고 주님의 날에 맞춰 사는 사람들"이라고 하였습니다. 그리스도교인으로 산다는 것은 부활절에 맞춰 산다는 뜻이요, 일요일의 부활 축제에서 주마다 일어나는 부활을 기준으로 산다는 뜻입니다. 예수님이 12월 25일에 태어났다는 사실을 맨 처음 분명하게 기록한 것은 로마의 히폴리토(Hippolytus, 170?-235?)가 대략 204년경에 쓴 『다니엘서 주석』입니다. 그밖에 초기 바젤의 성서해석학자 보 라이케(Bo Reicke)는 축일의 달력을 지적하였는데, 루카 복음에서는 이 달력에 따라 세례자 요한의 탄생 이야기와 예수의 탄생 이야기가 서로 겹칩니다. 그런 사실로 미루어볼 때 루카가 이미 12월 25일을 예수님의 탄생일로 전제하고 복음서를 썼다는 걸 알 수 있습니다. 기원전 164년에 유다 마카베오(Judas Maccabeus, ? - B.C. 161, 유다인 독립투사)가 들여온 성전 봉헌 축일도 바로 이날 거행되었습니다. 그렇기에 예수님의 탄신일은 동시에 하느님의 빛으로서 한 겨울에 떠오르는 예수님과 더불어 참다운 성전의 축성이 - 하느님께서 지상에 내려오심 - 이루어졌다는 걸 상징하기도 합니다.

아무튼 역사에서 성탄 축제가 뚜렷한 모양을 갖추게 된 것은 4세기 들어서 질 줄 모르는 태양신을 기리는 로마의 축제가 밀려나고 그리스도의 탄생이 참다운 빛의 승리로 이해하도록 가르침이 퍼져가던 무렵이었습니다. 이교도의 축제가 그리스도교의 대축제로 녹아들어 합쳐진 데에다 다시 고대 유대-그리스도교의 전통이 합쳐졌다는 사실은 보 라이케의 기록에서 분명하게 드러납니다.

성탄절에 우리들 마음을 크게 감동시켜 그리스도교인들 모두의 마음에서 성탄절이 부활절을 뛰어넘게 만든 특별히 따뜻한 인정이 커가며 제자리를 잡게 된 것은 중세 때의 일입니다. 그리고 여기서 인간 예수, 곧 우리와 함께하시는 하느님에 대한 깊디깊은 사랑으로부터 이 새로운 풍속을 일으켜 세우는 데 보탬을 준 이가 바로 아시시의 프란치스코(San Francesco d'assisi, 1181-1226)였습니다. 맨 처음 그의 전기를 쓴 첼라노의 토마스(Tommaso da Celano, 1190-1260)는 두 번째 전기에서 다음과 같은 말을 하였습니다. "프란치스코는 그 여느 잔치보다 성탄 축제를 말로 담을 수 없는 큰 기쁨으로 맞았다. 그는 '축제 중의 축제이니, 왜냐하면 바로 이날에 하느님이 아기가 되어 다른 모든 사람의 자식들과 마찬가지로 젖을 빨았기 때문'이라 하였다. 프란치스코는 – 더할 수 없는 섬세함과 헌신의 자세로! – 아기 예수를 그린 그림들을 품에 껴안고, 아주 다정하게 말을 하는데, 마치 어린아이들처럼 복받침에 말까지 더듬었다. 그의 입술에 예수님의 이름은 마치 꿀처럼 달콤한 것이었다."

그레치오(Greccio)의 유명한 성탄 축제는 바로 이런 정신에서 비롯한 것으로, 프란치스코의 성지(Heiliges Land) 순례와 로마 근처의 산타 마리아 마죠레(Santa Maria Maggiore)에 있는 구유 탐방이 계기가 되었습니다. 그를 움직인 것은 가까움, 현실에 대한 갈망이었고, 베들레헴을 아주 생생하게 현실처럼 체험하고 싶은 바람, 아기 예수 출생의 기쁨을 직접 겪고

친구들 모두에게 전하고 싶은 바람이었습니다.

첼라노는 첫 번째 전기에서 이 구유의 밤에 관해 이야기하는데, 그 이야기 방식이 언제나 사람을 감동시키는 동시에 가장 아름다운 성탄 구유 풍습이 널리 자리 잡아 발전해갈 수 있게끔 하였습니다. 그래서 그레치오의 그 밤이 그리스도교도 전체에 성탄 축제를 전혀 새롭게 선물하여 성탄절이 본래 담고 있는 뜻, 성탄절의 특별한 따스한 온정과 사람다움, 우리 하느님의 사람다움이 영혼에 가 닿고 신앙에 새로운 차원을 주었다고 말해 마땅합니다. 부활 축제는 죽음을 이겨내고 우리로 하여금 다가올 세계를 바라보록 가르치는 하느님의 권능에 눈길을 돌리게 합니다. 그런데 이제 하느님의 물리침 없는 사랑, 하느님의 겸손함과 자비로움이 눈에 띄고 이 세상 한가운데 우리들에게 내맡겨 그 안에서 우리로 하여금 새로운 방식의 삶과 사랑을 배우게 하려고 합니다.

여기서 잠시 멈추고 이 신앙의 역사에서 아주 독특한 의미를 갖는 이 그레치오라는 곳이 도대체 어디에 있을까? 하고 물어보는 것도 보탬이 되지 않을까 싶습니다. 그곳은 로마에서 북동쪽으로 그리 멀지 않은 곳에 있는 움브리아(Umbria)주 리에티(Rieti) 계곡의 작은 마을입니다. 여러 호수며 산들이 이 지역에 특별한 매력과 고요한 아름다움을 만들어주어서 오늘날까지도 갈수록 사람들의 마음을 끄는데 더구나 관광의 소란에도 거의 물들지 않은 채로 남아 있습니다. 해발 638m 높이에 있는 그레치오 수도원의 사람들은 산자락에 있는 작은 마을처럼 애초의 소박함을 어느 정도 그대로 지켜나가고 있습니다. 포베렐로(Poverello)*의 시대처럼 숲이 수도원을 감싸고 있어서 사색하며 머물고 싶은 마음이 절로 듭니다. 이에 대해 첼라노는 말하기를, 프란치스코가 이 점같이 작은 마을 사람들을 특별히 사랑하였는데, 그들의 가난과 소박함 때문이었다고 하였습니다. 또 프란치스코는 푹 쉬기 위해 자주 이곳에 왔고, 더할 나위 없는 가난하고 한적한 작은 방에 매력을 느껴 그런 방에서 아무 방해 받는 일 없이 천상의 일들을 관조하는 데 몰두할 수 있었다고 합니다. 인간의 가난, 소박함, 사람의 침묵, 그리고 창조의 말. 아시시의 그 성인을 이곳과 연결시키는 게 바로 이와 같은 것들입니다. 프란치스코는 그렇게 그만의 베들레헴 안에 살 수 있었고 베들레헴의 신비를 영혼의 지도에 새겨 넣을 수 있었습니다.

그렇지만 이제 1223년의 성탄절로 돌아가기로 하지요. 그레치오에 있는 땅은 요한이라는 이름의 귀족이 아시시의 가난한 사람들이 쓰도록 내놓았는데, 첼라노가 전하는 말에 따르면 이 귀족은 출생 신분이 높고 중요한 지위에 있으면서도 "혈연으로 말미암은 귀족에는 아무런 의미도 두지 않고 그보다는 영혼의 귀족에 다다르기를 바랐습니다." 그렇기 때문에 프란치스코는 그를 사랑했습니다.

그런데 첼라노가 이르기를, 이 요한이 그날 밤에 아주 놀라

---

* '가난한 이'라는 뜻으로, 성 프란치스코를 언급하는 말이기도 함.

운 환상을 보는 은총을 입었다고 합니다. 여물통 위에 움직임이 없는 어린아이가 누워있는 걸 보았는데, 그 아이는 프란치스코가 다가가여 잠에서 깨어났습니다. 이에 대해 첼라노는 이런 말을 덧붙였습니다. "이 환상은 실제로 일어난 일과 정말로 일치되었으니, 그때에 이르기까지 아기 예수는 정말로 많은 사람의 가슴 속에서 망각의 잠에 빠져 있었기 때문입니다. 그를 섬기는 종 프란치스코로 말미암아 예수에 대한 기억이 되살아나서 지워질 수 없을 만큼 기억에 아로새겨지게 되었습니다."

이 그림에서 프란치스코가 온 마음과 정성을 들인 신앙으로 그리스도교의 성탄 축제에 선물한 이 새로운 차원이 아주 자세하게 묘사되었습니다. 이 '아기 예수 속에 담겨 있는 하느님의 계시 찾아내기'가 바로 그것입니다. 바로 그렇게 함으로써 하느님은 정말로 '임마누엘', 곧 우리와 높이와 거리의 벽을 두지 않으시는, 우리와 함께하시는 하느님이 되십니다. 어린아이가 되시어 하느님은 우리들 곁에 아주 가까이 오시어, 우리는 아무런 주저 없이 식구처럼, 친구처럼 말을 걸고 또 어린아이 마음처럼 그렇게 스스럼없이 대할 수 있게 되었습니다.

아기 예수 속에서 가장 두드러지게 드러나는 것은 바로 '하느님의 물리침 없는 사랑'입니다. 하느님은 아무런 무기도 없이 다가오시는데, 왜냐하면 하느님께서는 바깥으로부터 정복할 마음이 없고 안으로부터 이기고 안으로부터 변화시키려 하시기 때문입니다. 사람과 사람의 독단과 폭력성과 욕심을 이길 수 있는 것이 있다면 바로 아기의 무방비 상태입니다. 우리를 이기시고 우리를 우리 본연의 자신에게로 이끄시기 위해 하느님은 바로 그런 상태를 취하셨습니다.

여기서 우리가 잊지 말아야 할 게 있으니, 예수 그리스도를 가장 높여 부르는 말이 바로 '아드님', 곧 하느님의 아드님이란 사실입니다. 하느님의 거룩한 존엄성이 이 한 마디에 담겨 있고, 또 예수님을 영원한 아이로 나타내는 말입니다. 예수님의 '아기다움'이야말로 예수님의 거룩한 신성, 곧 '하느님의 아드님'에 깃든 신성에 다시없이 잘 어울립니다. 그래서 예수님의 아기다움은 우리가 하느님에게, 하느님을 섬기어 모시는 일에 어떻게 하면 다가갈 수 있는지를 보여주는 길 안내 표시입니다. 다음 말씀도 그런 맥락에서 이해할 수 있습니다. "너희가 회개하여 어린이처럼 되지 않으면, 결코 하늘나라에 들어가지 못한다"(마태 18,3).

성탄절의 이 신비를 이해하지 못한 사람은 그리스도교인이 되는 데에 결정적인 것을 이해하지 못한 셈입니다. 그 신비를 받아들이지 않은 사람은 하늘나라에 들어갈 수 없습니다. 그리고 바로 이것이 프란치스코가 그 시대와 그 뒤로 이어지는 모든 시대의 그리스도교인들 전체의 기억에 되살려주고자 한 사실이었습니다.

성탄절에 그레치오의 동굴에는 성 프란치스코가 이른바 그대로 황소와 나귀가 서 있습니다. 프란치스코는 요한이란 귀족에게 이렇게 일러두었던 터였습니다. "나는 현실 그대로의 생생함으로 베들레헴에서 태어나신 아기에 대한 기억과 어린 시절에 견뎌내야만 했던 어려움에 대한 기억을 되살리고 싶다오. 어떤 모습이었는지, 구유에 누워서 마른풀 위에서 잠자고 황소 한 마리와 나귀 한 마리 사이에 계시던 그 모습을 이 내 눈으로 보고 싶다오."

그때부터 황소와 나귀는 구유를 나타낼 때 빠지지 않는 요소가 되었습니다. 그런데 이 황소와 나귀는 도대체 어디로부터 온 것일까요? 물론 신약성서의 성탄절 이야기에는 거기에 대해 아무 말이 없습니다. 이 물음을 깊이 파고들다 보면 성탄절 풍속 전체에, 더 나아가 전례에서나 민간 풍습에서 성탄절과 부활절과 관련한 교회의 경건함에 똑같이 중요한 어느 사실과 맞닥뜨리게 됩니다.

황소와 나귀는 그저 경건한 환상의 산물로 머물지 않습니다. 이 동물들은 구약과 신약성서 일체에 대한 신앙으로 말미암아 성탄절 사건의 동반자가 되었습니다. 그래서 이사야서 1장 3절에 이런 말이 나옵니다. "소도 제 임자를 알고 나귀도 제 주인이 놓아 준 구유를 알건만 이스라엘은 알지 못하고 나의 백성은 깨닫지 못하는구나."

교부들은 이 말에서 새로운 하느님 백성, 곧 유다인과 비유다인으로 이루어진 교회를 가리키는 예언을 보았습니다. 하느님 앞에서 사람은 유다인이든 비유다인이든 모두 황소나 나귀와 마찬가지로 생각이며 깨달음이 없습니다. 그렇지만 구유 안의 아기가 사람들 눈을 뜨게 하여 이제 사람들은 소유주의 목소리, 주님의 목소리를 알아듣게 됩니다.

중세의 성탄절 표현에서는 이 두 동물이 이 아기의 신비 앞에서 아는 듯이 그래서 공경하는 듯이 서서 고개를 숙이는 모습이 거의 사람의 얼굴과 같은 모습이라는 사실이 자꾸만 눈에 두드러집니다. 이것이 논리에 맞아떨어지는 것은 오직 이두 동물이 교회의 신비에 배경 노릇을 하는 예언의 기호로 인정받기 때문입니다. 이는 곧 우리의 신비이니, 우리가 영원 앞에서는 황소요 나귀라는 것, 거룩한 밤에 눈을 떠서 구유 안에 계신 주님을 알아본, 그런 황소와 나귀라는 것입니다.

그런데 우리가 정말로 주님을 알아보는가? 우리가 황소와 나귀를 구유 옆에 세워둘 때면, 이사야의 말 전체를 염두에 두어야만 합니다. 그 말은 그저 다가올 깨달음에 대한 약속의 복음으로 끝나지 않고 거기 더하여 현재의 눈먼 상태에 대한 심판이기도 합니다. 황소와 나귀는 알아보는데, "이스라엘은 알지 못하고 나의 백성은 깨닫지 못하는구나"(이사 1,3).

오늘날 황소와 나귀는 누구이며, 깨닫지 못하는 '내 백성'은 누구인지 어디서 어떻게 알 수 있습니까? 비이성은 알아보고 이성은 눈이 멀었다는 것, 도대체 어째서 그러할까요?

대답을 찾아내기 위해서는 교부들과 함께 한번 더 맨 처음 성탄절로 돌아가 보아야만 합니다. 누가 알아보지 못했는가? 또 누가 알아보았는가? 그러면 어째서 그랬는가?

자, 알아보지 못하는 자는 바로 어린이에 대한 이야기를 들었을 때 아무것도 깨닫지 못하고 지배욕과 자기에게 속하는 박해의 망상으로 더욱더 심하게 눈이 멀었던 헤로데였습니다 (마태 2,3 참조). 알아보지 못하는 이, 그것은 바로 '헤로데를 비롯한 온 예루살렘'(같은 구절 참조)이었습니다. 알아보지 못하는 이, 그것은 바로 고운 옷을 걸친 우아한 이들(마태 11,8 참조)입니다. 알아보지 못하는 자, 그것은 지식인들, 성서 전문가들, 성서 해석 전문가들 가운데 어디 무슨 구절이 있는지는 자세하게 알면서도 제 뜻은 전혀 이해하지 못하는 이들(마태 2,6 참조)입니다.

알아보는 이, 그들은 – 위와 같은 유명한 사람들과 견주면 – '소와 나귀' 같은 사람들로, 목동들, 동방의 박사들, 마리아, 요셉 등입니다. 그러니 예수님을 맞아들일 장소가 다를 수 있었을까요? 아기 예수님이 계시는 구유는 우아한 이들의 거처가 아닙니다. 그곳은 다름 아닌 소와 나귀의 집입니다.

그렇다면 우리는 어떻습니까? 우리는 우리 자신을 바라볼 때 너무나도 우아하고 세련되었기에 우리가 그렇게 구유에서 멀어졌습니까? 우리도 마찬가지로 학식에 치우친 성서 해석에 사로잡혀 있고 또 역사에 자리 잡은 자리의 진정성과 부진정성을 밝히는 데에 치우친 나머지 정작 아기 예수는 보지 못하는 장님이 되었고 그래서 아기 예수로부터 아무것도 얻지 못하게 되진 않았습니까? 우리도 마찬가지로 지나치게 '예루살렘'에, 궁전에, 우리 자신, 우리 멋대로의 독단과 박해에 대한 두려움 속에 틀어박힌 나머지 가까이서 들리는 천사의 목소리도 듣지 못하고 다가가고 기도드릴 수 없게 되진 않았습니까?

오늘 이 밤에 소와 나귀가 이렇게 물어보는 얼굴로 우리를 바라봅니다. '내 백성은 깨닫지 못하네, 너는 네 주님의 목소리를 깨닫는가?' 우리가 낯익은 모습의 인형들을 구유 곁에 세울 때면 그 옛날 그레치오의 프란치스코가 그랬던 것처럼 어린아이 속에서 주님을 찾아내는 소박함을 우리 마음에 되살려 주십사고 하느님께 빌어야 마땅합니다. 그러면 첼라노가 – 거룩한 첫날밤의 목자들에 대한 성 루카의 말(루카 2,20 참조)과 아주 비슷하게 – 그레치오에서 열린 자정미사를 함께한 사람들에 대한 이야기와 똑같은 일이 우리에게도 일어날 수 있습니다. 그 사람들은 하나같이 기쁨에 가득 차서 집으로 돌아갔습니다.

로마 시내 산타 마리아 마죠레 바실리카에 담긴 뜻

소란스러운 로마 거리에서 산타 마리아 마죠레 바실리카 (Santa Maria Maggiore Basilica, 성모 마리아 대성당)에 들어설 때마다 시편 작가의 다음 초대의 말이 떠오르는 듯싶습니다. "멈추고 보아라"(시편 46,11: 너희는 멈추고 내가 하느님임을 알아라). 여름철 관광객 무리가 성당을 온통 바삐 돌아다니면서 성당을 마치 길처럼 만드는, 그런 때가 아니라면 이 성당 공간에서 우러나오는 신비로운 어스름한 기운에 절로 마음이 고요하게 가라앉고 정신이 통일되며, 일상의 소음이 저절로 힘을 잃고 스러지게 만드는 관조의 문이 열립니다. 마치 수백 년에 걸친 기도가 머물러 있다가 이제 우리를 데리고 길을 떠나는 듯싶습니다. 이 성당과 성당에 깃든 뜻의 리듬에 스스로를 내맡기다 보면 평소라면 근심과 일상의 온갖 일들의 소용돌이에 파묻혔을 마음의 고요해진 자락들이 자유로워집니다.

그런데 그 뜻이란 게 무엇일까요? 이런 물음을 던지는 사람이라면 그것만으로 이미 이 공간 안에서 그를 만나고자 하는 특별한 부름을 벗어나고 말 위험에 빠지기 쉽습니다. 그 부름의 소리를 쉽사리 도로 불러내고 찾아볼 수 있는 사전의 말로 바꿀 수는 없습니다. 이 부름의 소리에 어울리는 것이라면 추궁의 십자포화로부터 벗어나고 그 대신에 마음으로 보는 법과 듣는 법을 일깨우는 머묾을 찾는 일입니다. 쉬이 움켜쥐었다가는 다시 되던져버리고 마는 것을 벗어나게 하는, 그런 머묾입니다. 그래서 저는 – 격식을 갖추고 개념에 맞춘 대답 대신에 – 여러분을 모시고 함께 이 성당의 그림 두 점을 살펴보고 그 그림 앞에서 스스로 머묾에 잠겨 그 그림들에서 들려오는 이야기를 들어보도록 하겠습니다. 제가 말로 옮겨 여러분께 돌려 드리지만 그것은 충분치 못한 대강에 지나지 않습니다.

먼저 남다른, 아주 특별한 점이 있습니다. 이 성당이 성탄절 성당이라는 점입니다. 이 성당 건축물로써 처음에는 목동들에게 갔던 천사들의 다음 초청을 우리에게 전해주고자 합니다. "보라, 나는 온 백성에게 큰 기쁨이 될 소식을 너희에게 전한다. 오늘 너희를 위하여 다윗 고을에서 구원자가 태어나셨으니, 주 그리스도이시다"(루카 2,10-11). 그런데 이 성당은 목동들의 대답까지도 우리에게 함께 전해주고 싶어 합니다. "베들레헴으로 가서 주님께서 우리에게 알려 주신 그 일, 그곳에서 일어난 일을 봅시다"(루카 2,15). 그러니 거룩한 밤의 그림이 당연히 이 공간과 성당 통로들의 한가운데를 차지하리라고 기대할 법합니다. 그런데 한편으로는 실제로 그렇고 또 다른 한편으로는 그렇지가 않습니다.

성당 안쪽 공간 양쪽 옆 벽에 있는 모자이크들은 이른바 역사 전체를 인류가 구원자에 이르는 행렬로 해석하여 표현하였습니다. 한가운데, 신자가 앉는 쪽과 성가대와 제단이 있는 쪽을 가르는 부분, 성당 개선문 위, 여러 길들이 만나는 목표점, 그리스도의 탄생이 묘사되어 있어야 할 자리에 우리 눈에 보이는 것은 그저 텅 빈 옥좌와 그 옥좌 위에 왕관과 지배자의 망토와 십자가만이 있습니다. 발판 위에는 마치 방석처럼 일곱 개의 핵심 줄거리가 서로 합쳐진 이야기 꾸러미가 놓여 있습니다. 텅 빈 옥좌와 십자가와 그 발치에 있는 이야기들, 이것이 바로 로마의 베들레헴이고자 했고 앞으로도 그럴 이 성당의 성탄절 그림입니다. 그런데 도대체 왜 그럴까요? 이 그림이 말하는 바를 이해하려면, 먼저 성당 개선문이 애초 그리스도께서 세상에 태어나신 베들레헴의 동굴을 본따서 만들었던 지하 납골당 위에 서 있다는 사실을 생각해야만 합니다. 여기서는 전에도 그랬고 앞으로도 그럴, 전해오는 전통에서 베들레헴의 구유로 취급되는 성 유물도 공경합니다. 그렇기에 역사의 행렬, 모자이크의 전체 화려함이 바로 여기서 동굴, 곧 마구간 속으로 흘러내립니다. 그러니까 그림들이 현실로 내려온 셈입니다. 옥좌가 빈 까닭은 주님이 마구간으로 내려오셨기 때문입니다. 모든 게 다 이어지는 핵심 모자이크는 그림들로부터 현실로 뛰어내리는 걸 찾기 위해 우리에게 내민 손과도 같습니다. 모자이크가 더없이 빼어

난 고대 예술의 절정으로부터 곧바로 한없이 낮은 동굴, 마구간으로 우리를 이끌어 갈 때면 이 공간의 리듬은 우리를 날카로운 변화 속으로 휘몰아갑니다. 그 리듬은 우리를 종교의 미학으로부터 신앙의 행위로 이끌어가고자 합니다.

여러 세기에 걸쳐 지은 이 건축물 안에서 고요에 빠져드는 일, 건축물의 아름다움과 그 모습의 위대함이 주는 감동에 빠져드는 일, 위대한 것, 전혀 다른 것, 영원한 것을 예감하며 만나는 일, 그것이 바로 이 성당이 우리를 맞아 처음 선물하는 것으로, 그것이야말로 아주 고상하고 고귀한 것이며, 오늘날의 우리에게 절실히 필요한 것입니다. 그렇지만 그것으로 다가 아닙니다. 우리가 그다음 걸음, 그러니까 신앙을 긍정하여 받아들이는 걸음을 함께 떼어놓지 않으면, 그것은 그저 아름다운 꿈, 구속력이 없는, 그래서 아무런 힘도 없이 그저 덧없이 지나치는 감정으로 남고 말 뿐입니다. 그리고 그다음 걸음을 떼어놓게 되면 비로소 그다음의 것이 또렷하게 드러납니다. 바로 저 동굴이 비어있지 않다는 사실입니다. 그 동굴의 본디 내용물은 베들레헴의 구유로 보관하는 성 유물이 아닙니다. 그 본디 내용은 그리스도의 탄신에 즈음한 자정미사입니다. 여기서 비로소 현실로 넘어가는 궁극의 단계가 이루어집니다. 우리는 여기서 비로소 더 이상 그림이 아닌 성탄절 그림에 다다릅니다. 이 공간에 담긴 이 뜻을 좇아 여기까지 이르고 나면, 아주 새롭게 다시 일어나는 일이 있습니다. 오늘 여러분에게 구세주가 태어나셨단 말씀입니다. 그래요, 정말로 오늘입니다.

이와 같은 생각들과 함께 여러분에게 잠시 소개하고 싶은 산타 마리아 마죠레의 다음 그림으로 넘어갈 수 있는데, 다름 아니라 작은 경당에 〈로마 백성의 구원〉(Salus Populi Romani)이란 제목으로 모셔놓은 아주 오래된 마리아의 그림입니다. 이 그림이 자신을 보는 이들, 그러니까 우리에게 걸어오는 말을 이해하려면, 이 성당에 담긴 근본 뜻을 한번 더 떠올려야만 합니다. 앞서 말했다시피 이 성당이 다름 아닌 성탄절 성당으로, 마치 껍질처럼 베들레헴의 마구간을 감싸듯 지은 것이란 점이지요. 그리고 여기서 베들레헴의 마구간은 하느님의 세상, 하느님의 교회 모습으로 이해되는 동시에 모든 그림과 그저 미학적인 차원에 드는 모든 것에 대한 초월을 요구합니다.

그러면 누군가 나서서 이 성당이 성탄절 성당, 그러니까 그리스도의 교회가 아니라 마리아의 교회, 로마는 물론이요 서방 최초의 마리아 성당이라고 반박할지도 모르겠습니다. 이야기를 이어가다 보면, 그런 물음을 던지는 이가 정작 가톨릭교회의 성모 마리아 신심은 물론이요, 성탄절의 신비에 담긴 근본적인 것을 깨닫지 못하고 있다는 사실이 드러나게 됩니다. 성탄절은 그리스도교 신앙 얼개 속에서 아주 독특한 뜻을 지닙니다. 무슨 위대한 사람들의 탄생일을 기념하는 것처럼 성탄절을 기리는 게 아닙니다. 왜냐하면 그리스도에 대한 우리 관계도 마찬가지로 위인들에 대한 우리의 존경과는 전혀 다른 차원이기 때문입니다. 위인들에 대한 관심은 그들이 이룬 업적입니다. 그들이 생각해내어 쓴 사상, 그들이 만들어낸 예술작품, 그들이 남긴 제도며 시설들입니다. 이 업적들은 그들의 몫이지 그들의 어머니와는 상관이 없고, 다만 저들 업적을 설명하다 보면 일부 요소가 그들 어머니로부터 올 수 있다는 점에서 그들 어머니에게 관심이 쏠릴 수 있는 정도일 뿐입니다.

그러나 그리스도가 우리에게 중요한 것은 그분의 업적, 그분이 하신 일 때문만이 아니요, 다른 무엇보다도 그분이 계셨고 지금도 계시다는 사실, 그분 인격의 전체 모습입니다. 그리스도는 그냥 사람이 아니기에 그 어떤 사람과도 다르게 우리에게 중요합니다. 그리스도가 중요한 까닭은, 그분 안에서 하늘과 땅, 천상과 지상이 만나고 그분 안에서 하느님이 사람으로 우리와 만날 수 있기 때문입니다. 교부들은 마리아를 가리켜 그리스도를 사람의 모습으로 빚어낸 성스런 대지라 하였습니다. 그리고 아주 놀라운 사실은 하느님이 그리스도 안에서 영원히 대지(지상)와 연결되어 계시다는 사실입니다. 성 아우구스티노는 이와 똑같은 생각을 이런 식으로 표현한 바 있습니다. "그리스도는 하느님에 대한 당신의 부자 관계를 밝혀 드러내기 위해 인간의 아버지를 바라지는 않으셨지만, 인간의 어머니는 바라셨다. 그분은 남성의 모습을 받아들이려 하시면서 또 여성적인 특징을 인정하셨는데, 당신의 어머니를 기리기 위함이었다. [⋯] 그리스도께서 여성에 대한 인정 없이 남자로 나타나셨다면, 여성은 스스로의 존재에 대해 절망에 빠질 수밖에 없었으리라. […] 그러나 그리스도는 둘 다 존중하셨고, 인정하셨고, 받아들이셨다. 그리스도는 여성에게서 태어나셨다. 그렇다고 남성들이 절망할 것 없다. 그리스도는 스스로 남성으로 사시는 걸 고르셨다. 그렇다고 여성들이 절망할 것 없다. 그리스도는 여성한테서 태어나는 걸 고르셨다. 남성과 여성 둘 다 구원에 제 몫을 한 셈이다. 그러니 남성적인 것도 있고, 여성적인 것도 있음이다. 신앙에는 남자도 없고 여자도 없다."

이를 한번 다르게 표현해보도록 합시다. 구원의 드라마에서 성모 마리아께서는 어떤 역할을 하고 나서 대사가 끝난 누군가처럼 무대에서 내려와야 하는 분이 아닙니다. 여자로부터 사람이 되는 일은 짧은 시간 뒤에 끝나고 마는 그런 역할이 아니라, 하느님께서 이 지상과, 사람과 그리고 곧 지상인 우리와 영원히 함께함입니다. 그렇기에 성탄 대축일은 성모 마리아 축일이면서 동시에 그리스도 축일이기도 하고, 그렇기에 참된 성탄절 성당은 곧 성모 마리아 성당이어야만 합니다. 이와 같은 생각들과 함께 아주 오래된, 신비 가득한, 로마 사람들이 〈로마 백성의 구원〉이라 불렀던 그림을 자세히 살펴보아야 합니다. 전해오는 이야기에 따르면 이 그림은 대그레고리오 교황께서 590년 페스트가 도시에 창궐했을 때 어느 행렬에서 이 그림을 들고 로마의 큰길을 걸어갔다고 합니다. 그 행렬이 마감될 무렵에 돌림병이 잦아들고 로마는 다시 건강을 되찾았습니다. 이 그림의 이름이 우리에게 말하고자 하는 건 이렇습니다. 이 그림으로 로마가, 이 그림의 힘으로 사람들이 언제든 도로 건강해질 수 있다는 것이죠. 싱싱하면서도 고결한 그림의 모습에서, 지혜로우면서도 자비로운 눈길에서 하느님의 모성적 자애로움이 우리를 굽어봅니다. "어머니가 제 자식을 위로하듯 내가 너희를 위로하리라"(이사 66,13). 하느님은 선지자 이사야를 통해 우리에게 이렇게 말씀하십니다. 하느님이 어머니의 위로를 행하신다면 아무래도 어머니를 통해, 당신의 어머니를 통해 하시기를 좋아하실 게 분명합니다. 그렇게 한다고 해서 누가 이상스럽게 생각하겠습니까? 이 그림 앞에 서면 우리들의 자만심이 사라집니다. 우리의 굳어버린 오만이 녹아 풀리고, 그런 감정 앞에서 갖게 되는 두려움이며 속으로 우리를 병들게 만드는 모든 것이 다 스러집니다. 우울증과 좌절감은 온갖 감정의 살림살이가 잘못 돌아가거나 아예 돌아가지 않는 데에서 생겨납니다. 그렇게 되면 따스함, 위안을 주는 것, 선함, 구원으로 데려가는 것, 그러니까 우리 가슴으로만 알아볼 수 있는 모든 것이 이 세상에서 더 이상 보이지 않습니다. 뿌리가 뽑혀버린 지식의 차가움 속에서 세계는 절망의 장소가 됩니다. 그런 마당에 이 그림을 받아들이게 되면 도로 건강해집니다. 우리가 이 그림의 언어에 마음을 닫아걸지 않고 마음으로 그 말을 받아들이면 이 그림은 우리에게 신앙의 터, 사람살이의 바탕을 돌려줍니다.

성당의 개선문과 동굴이 서로 합쳐지면서 미학으로부터 신앙으로 넘어가는 법을 가르쳐준다고 앞서 말했습니다. 이 그림에까지 넘어가게 되면 우리는 한 걸음 더 나아갈 수 있습니다. 수고로운 의지와 이성으로부터 신앙을 풀어내어 우리 삶의 전체 속으로 도로 받아들이는 데 도움을 받는 것입니다. 그로 말미암아 미학이 새롭고 더 위대한 선물로 다시 우리에게 돌아옵니다. 우리가 구원자의 부름을 따르면 구원자 스스로 받아들이신 대지의 언어마저 새롭게 받아들일 수 있습니다. 우리는 어머니가 가까이 다가오심에 대해 그릇된 감상에서 오는 두려움이나 신비적인 것에 빠져들지 않을까 하는 두려움 없이 마음 놓고 마음을 열어도 좋습니다. 저 모든 것이 신비에 빠지거나 병이 드는 것은 오로지 그리스도 신비의 위대한 맥락에서 떨어져 나올 때뿐입니다. 그렇게 되면 비밀스러운 의식으로 내몰린 것이 도로 뒤엉킨 모습으로 돌아오게 되는데, 그것의 약속은 공허하고 속임수에 지나지 않습니다. 구원자 어머니의 그림에서는 참다운 위로가 드러납니다. 하느님께서는 오늘도 여전히 우리와 닿을 만큼 가까이 계십니다. 이 성당 안에서 관조하는 머묾 속에 잠겨 이 위안을 깨닫게 되면, 이 성당에 담긴 뜻이 우리 속에 들어와 구원의 힘과 변화의 힘을 발휘하게 됩니다.

바오로 사도의 회개

투사와 수난자

　교황 비오 9세는 19세기 베드로 대성당으로 이어지는 언덕에 두 사도, 베드로와 바오로의 거대한 상을 세우도록 했는데, 둘 다 고유한 다음 상징물에서 쉽게 알아볼 수 있습니다. 베드로의 손에 달린 열쇠와 바오로의 손에 들린 큰 칼이지요. 그리스도교 역사에 대해 알지 못한 채 가장 널리 알려진 이 사도의 힘찬 조각상을 보노라면, 위대한 장군, 그 큰 칼로 역사를 만들고 백성들을 섬긴 전사의 동상이라고 생각할지도 모릅니다. 그렇다면 바오로는 다른 사람들의 핏값으로 명예와 부를 이룬 수많은 전사들 가운데 하나가 되겠지요. 그렇지만 그리스도교 신자라면 이 남자의 두 손에 들린 이 칼에는 그와 상반된 뜻이 깃들었다는 사실을 압니다. 그러니까 이 큰 칼은 바로 그를 처형한 연장이랍니다. 비로 이러한 처형 방법이 고결한 것에 든다고 하더라도, 그래도 바오로는 세계사에서 폭력에 목숨을 잃은 희생자에 들지, 폭력을 행사한 자들에 들지는 않습니다.

44

바오로의 편지를 깊이 알아서 그 편지들 속에 감추어진 이 사도의 전기 같은 걸 찾아내는 사람은 곧바로 이 큰 칼이란 상징물, 그러니까 수난의 연장이 그저 성 바오로의 생애 마지막 순간에 대해서만 말하는 게 아니란 사실을 곧바로 알게 됩니다. 이 큰 칼은 당연히 그의 평생을 나타내는 상징물일 수 있습니다. '나는 훌륭히 싸웠다.'(2티모 4,7 참조)라는 말은 죽음을 앞두고 살아온 길을 되돌아보며 사랑하던 제자 티모테오에게 한 말입니다. 저런 말들로 미루어 바오로는 얼마든지 투사로, 행동가로, 더 나아가 폭력자로 그릴 수 있습니다. 그의 삶을 겉으로 훑어보게 되면 그런 생각이 옳을 것처럼 보입니다. 네 차례에 걸친 긴 여행에서 바오로는 그 당시 알려진 세상의 중요한 지역들을 두루 다녔고 그래서 정말로 온 세상 모든 겨레의 스승이 되어 예수 그리스도의 복음을 '세상 끝까지' 전하였습니다. 바오로는 자기가 세운 공동체들을 편지로 유지하여 바탕을 다지는 한편 더 키워가도록 자극을 주었습니다. 바오로는 부족한 게 없는 적대자들을 활기차게 상대하였습니다. 그는 쓸 수 있는 모든 수단을 다 써서 그의 두 어깨에 놓여 있는 선포의 '의무'(1코린 9,16 참조)를 될 수 있는 대로 효과적으로 다하였습니다. 그래서 늘 위대한 활동가로, 사목활동과 포교의 새 전략 창안자들의 수호성인으로 그려지곤 합니다.

저 모든 게 그릇되지는 않았지만, 그렇다고 그것이 바오로 전체는 아닙니다. 그렇습니다. 바오로를 그저 그렇게만 보는 사람은 그 인물의 진면목을 놓치고 마는 셈이지요. 먼저 성 바오로의 싸움은 출세주의지, 권력 추구자의 싸움이 아니며 지배자와 정복자의 싸움은 더더욱 아닙니다. 그 싸움은 아빌라의 데레사가 묘사한 것과 같은 식의 싸움이었습니다. 데레사는 "하느님은 용감한 사람들을 바라고 사랑하십니다."라는 말을 다음과 같은 말로 설명하였습니다. "벗들이 약해졌을 때 주님께서 가장 먼저 그들에게 용기를 불어넣으시고 수난에 대한 두려움을 없애주시는 일을 하셨습니다." 이 맥락에서 일기와 꿈의 기록에 쓴 테오도어 해커(Theodor Haecker)의 말이 떠오르는데, 이 말은 분명 한편으로 치우치고 거기다가 부당한 점도 없지 않습니다. 그렇지만 중요한 게 무엇인지를 이해하는 데에는 도움이 됩니다. 내가 말하는 그 글은 이렇습니다. "이따금씩 바티칸에서 나를 아예 다 잊어버리지 않았나 싶고 또 베드로는 그저 로마의 주교일 뿐만 아니라 […] 순교자이기도 했다는 생각이 들기도 한다." 성 바오로의 싸움은 처음부터 순교자의 싸움이었습니다. 더 자세히 말하자면, 그의 길은 애초 박해자로 시작하였고 그리스도인들에게 폭력을 행사하였습니다. 회개하는 순간부터 십자가에 달리신 그리스도께로 넘어가 스스로 예수 그리스도의 길을 골랐습니다. 그는 외교관이 아니었고, 외교 방식으로 풀어보려고 할 때마다 별다른 성공을 거두지 못했습니다. 그는 예수 그리스도의 복음과 그 복음을 위해 스스로의 목숨을 거는 것 말고 다른 무기가 없는 남자였습니다. 필리피 신자들에게 보낸 서간에서부터 이미 자기 목숨을 젯술처럼 부으란 말을 합니다 (필리 2.17 참조). 인생의 저물녘에, 그러니까 티모테오의 집에 머물던 마지막 한 주일에, 이런 말이 한 번 더 나옵니다(2티모 4.6 참조). 바오로는 자기 몸에 얼마든 상처를 입을 각오가 되어 있는 사람이었고, 그것이 바로 그의 진정한 강점이었습니다. 그는 자기 몸을 사리거나 아끼지 않았고, 노여움이며 불편함을 거리끼지 않았으며 멋진 인생을 준비하는 일 따위는 더더욱 꿈에도 생각지 않았습니다.

오히려 그와 정반대였지요. 그 스스로 먼저 나서고, 몸을 사리지 않으며, 치는 매에 몸을 내밀고 복음을 위해 제 몸이 쓰이도록 했다는 사실, 바로 그런 사실이 그를 믿음직하게 만들었고 아울러 교회를 세우도록 만들었습니다. "여러분을 위해서라면 나는 모든 것을 더없이 기쁘게 내놓고 나 자신도 남김없이 내놓겠습니다"(2코린 12.15). 코린토 신자들에게 보낸 둘째 서간에서 나오는 이 말은 이 사람의 가장 속 깊은 본질을 드러내 보여줍니다. 바오로는 노여움을 피하는 게 사목의 으뜸가는 일이라 여기지 않았고, 사도가 무엇보다 먼저 갖추어야 하는 게 언론의 좋은 평이라고 생각하지 않았습니다. 아니요, 그는 뒤흔들려 했고, 잠자는 양심을 흔들어 깨우려 하였습니다. 설령 그 일로 목숨을 잃을지라도 말이지요. 그의 편지들에서 보면, 그가 말 잘하는 사람과는 거리가 멀었다는 걸 알 수 있습니다. 이야기 재주가 모자란 점에서는 모세와 예레미야와 똑같습니다. 저 둘은 말재주가 모자라다는 사실을 들어 저들에게 맡긴 사명이 전혀 어울리지 않는다고 하느님께 대꾸하였지요. "직접 대하면 그는 몸이 약하고 말도 보잘것없다"(2코린 10,10). 그의 적들도 그를 두고 이렇게 말했습니다. 갈라티아에서 포교를 시작할 때를 두고 그는 스스로 이렇게 말했습니다. "여러분도 알다시피, 나는 육신의 병이 계기가 되어 여러분에게 처음으로 복음을 전하게 되었습니다"(갈라 4,13). 바오로의 공은 화려한 화술과 빈틈없는 전략으로 말미암은 게 아니라, 복음을 위해 자기 스스로를 다 바치고 스스로를 버리기 때문이었습니다. 오늘날에도 교회가 사람들에게 믿음을 줄 수 있는 정도는 전파자들이 스스로 다치는 걸 무릅쓰는 정도에 달렸습니다. 수난을 각오하는 자세가 없다면 교회가 맞아야 할 근본적인 진리의 시험도 없습니다. 교회의 싸움은 언제나 스스로를 남김없이 쏟아 붓는 사람들의 싸움일 뿐입니다. 그러니까 순교자들의 싸움인 셈이죠.

성 바오로의 두 손에 들린 큰 칼에 고문 도구 말고 얼마든지 다른 뜻을 부여할 수도 있습니다. 성서에서 이 큰 칼은 하느님을 위한 상징으로, "하느님의 말씀은 살아 있고 힘이 있으며 어떤 쌍날칼보다도 날카롭습니다. 그래서 사람 속을 꿰찔러 […] 마음의 생각과 속셈을 가려냅니다"(히브 4,12). 이 칼을 바오로가 쓴다 하겠습니다. 이 칼로 사람들을 정복하였습니다. 한마디로 말해 '큰 칼'이 여기서는 저만의 고유한 특성을 가진 진리의 힘을 나타내는 궁극의 상징입니다. 진리는 아픔을 줄 수 있고, 상처를 줄 수 있습니다. 또 그게 바로 진리에 담긴 칼의 성격이라 하겠습니다. 거짓된 삶 또는 한 마디로 진리를 비켜가는 삶이 진리의 요청보다 편하게 보일 때가 많기 때문에, 사람들은 진리에 역정을 내고 진리를 억누르고, 내몰고, 피해 가고 싶어 합니다. 우리들 가운데 벌써 여러 차례에 걸쳐 진리, 저 스스로에 대한 진리, 우리가 하고 하지 말아야 할 것에 대한 진리의 방해를 받은 적이 있다는 걸 부정할 수 있는 사람이 과연 있을까요? 우리들 가운데 자신은 진리를 에둘러 가려고 해본 적이 결코 없었다고, 아니면 적어도 적당히 주무르고 구부려 아픔이 덜하게 만들어 보려 해본 적이 결코 없었다고 주장할 수 있는 사람이 있을까요? 바오로는 편치가 않았는데, 그 까닭은 그가 진리의 사람이었기 때문입니다. 오로지 진리에만 몰두하고, 그밖에 다른 무기는 물론이고 진리 외에 다른 사명조차 가지려고 하지 않는 사람이 반드시 목숨을 잃는 것은 아니겠지만, 늘 순교 가까이 다가가기 마련입니다. 수난자가 되는 셈이지요. 광신자도 또 독선자도 되는 일 없이 진리를 전파하는 일, 그런 일이야말로 위대한 사명이라 하겠습니다.

　바오로가 싸움으로 조금은 아프고 광신자에 가까워질 때도 더러 있었을 법합니다. 그렇지만 정말로 광신자가 된 적은 결코 없습니다. 그의 모든 편지 — 그 가운데에서 가장 아름다운 것이라면 아마도 필리피 신자들에게 보낸 서간일 것입니다 — 에서 보이는 자비 가득한 글들이야말로 그의 성격을 제대로 보여주는 특징입니다. 바오로가 스스로를 위해 말하지 않고 다른 사람의 선물, 바로 진리를 위해 목숨까지 바치고 죽음에 이르기까지 사랑하는 사람으로 남았던 그리스도의 진리를 사람들에게 가져다주기 때문에 광신주의로부터 자유로울 수 있었습니다. 제 생각입니다만, 이 부분에서도 우리가 생각하는 바오로의 모습을 조금 고쳐야 한다고 봅니다. 우리는 바오로와 관련하여 지나치게 싸움과 관련된 말들만 듣고는 합니다. 이 점에서도 다시 모세와 어느 정도 닮은 데가 있습니다. 우리는 모세도 '뿔난 사람', '굽힐 줄 모르는 사람', '성난 사람'으로 본다는 말씀이죠. 민수기에서도 모세가 어떤 사람보다도 겸손하였다(12,3 참조; 70인역)는 말이 나옵니다. 바오로의 글 전체를 읽어보면 겸손한 바오로의 모습이 보입니다. 앞서 말했다시피, 모세의 성공은 수난을 각오하는 자세와 관계됩니다. 이제 덧붙여야 할 말이 있습니다. 수난과 진리는 짝을 이룬다는 말이지요. 바오로가 싸움에 얽혀든 까닭은 그가 진리의 남자이기 때문이었습니다. 그렇지만 그의 말과 삶에서 변함없이 남는 것은 그가 진리를 섬기고 진리로 말미암아 아픔을 겪었다는 사실입니다. 수난은 어쩔 수 없는 진리의 확인이지만, 오직 진리만이 이 수난에 의미를 줍니다.

성 베드로 대성당으로 이어진 언덕에는 베드로와 바오로, 이렇게 두 사도의 조각상이 서 있습니다. 담벼락 앞의 성 바오로 정문 위에도 두 사람이 함께 연결되어 있는데, 두 사람의 인생과 수난의 장면들이 묘사되어 있습니다. 그리스도교 전통에서는 처음부터 베드로와 바오로를 서로 따로 떼어놓을 수 없다고 보았습니다. 그러니까 둘이 함께 전체 복음을 나타내는 것이지요. 로마에서는 두 사람을 신앙 속의 형제자매처럼 함께 두고 보는 것에 또 다른, 아주 특별한 의미를 부여하고 있습니다. 로마의 그리스도교인들은 두 사람을 로마를 처음 세웠다는 신화의 로물루스와 레무스 형제에 대한 반대 모습으로 봅니다. 저 신화의 두 남자는 성서 이야기 맨 처음에 나타나는 형제, 곧 카인과 아벨과 묘한 일치를 이룹니다. 형제 가운데 한쪽이 다른 한쪽의 살해자가 되는 것이죠. 형제 관계란 말이 순전히 인간적인 차원에 보자면 씁쓸한 뒷맛을 남깁니다. 이 관계가 사람들 사이에서 어떤 모습일 수 있는지, 온갖 종교들에서 두루 나타나는 저와 같은 형제들 모습에서 드러납니다. 베드로와 바오로, 인간적으로 너무나도 다른 이 두 사람 사이에 진정 아무런 알력도 없지는 않았을 텐데, 이 두 인물이 새로운 도시를 세운 사람, 예수 그리스도로 말미암아 가능해진, 새롭고 참된 형제 관계의 체현으로 나타납니다. 정복자들의 칼이 세상을 구하는 게 아니라, 오로지 수난자들의 칼만이 세상을 구합니다. 오로지 그리스도의 후계자들만이 새로운 형제 관계, 새로운 도시로 이끕니다. 바로 이것이 이 형제가 말하는 바요, 로마에서 가장 큰 양대 성당이 우리에게 말해주는 바입니다.

'사랑으로 앉은 윗자리'
로마 성 베드로 대성당의
주교좌 - 제대

베드로 대성당에서 신자들이 앉는, 아주 널따란 곳(제대 맞
은편에서 기둥들 안쪽)을 돌아다녀 보고 나서 마침내 제대가 끝
나는 반원형 벽감에 이른 사람이라면, 이 대성당이 베드로의
무덤 위에 지은 것이기에 개선문과 같이 웅장한 성 베드로의
모습을 보리라는 기대를 하기 쉽습니다. 그런데 그런 모습은
전혀 보이지 않습니다. 이 제대의 조각품들 가운데 이 사도
의 모습은 보이지 않는다는 말씀입니다. 그 대신에 우리 눈
에 보이는 것은 마치 흔들리기라도 할 듯한, 텅 빈 옥좌뿐인
데, 이 옥좌를 동방과 서방의 위대한 교부 네 명의 조각상이
떠받치고 있습니다. 옥좌에 감도는 희미한 빛은 천사들이 에
워싸고 있는 창문을 통해 비쳐드는데, 이 천사들이 이 빛줄
기를 다시 아래쪽으로 이끕니다.

이 전체 구성이 대체 무엇일까요? 우리에게 무얼 말하는
걸까요? 제가 보기에는 여기에 교회의 본질에 대한 깊은 해
석이 담겨 있는데, 거기에는 베드로의 자리에 대한 해석도

52

함께 들어 있습니다. 먼저 창문부터 시작하면, 이 창문은 그 은은한 색으로 안쪽으로 모이는 동시에 바깥과 위를 향해서는 열려 있습니다. 이 창문이 대성당을 창조 전체와 연결시키고 있습니다. 성령의 비둘기를 통해 하느님을 모든 빛의 실제 근원이라고 암시하기 때문입니다. 그뿐만이 아니라 이 창문은 또 다른 이야기도 들려줍니다. 그러니까 교회 자체가 그 본질로 보자면 하나의 창문, 그러니까 하느님의 피안의 신비와 우리 세계가 만나는 자리요, 이 세상이 하느님의 빛의 광채로 속까지 비치게 된다는 말이지요. 교회가 그저 홀로 뜻을 갖는 것으로 끝이 아니고, 저를 넘어, 우리 스스로를 넘어 위로 열림입니다. 교회가 온 곳이요 교회가 나아갈 곳, 그 다른 분에게 속이 비치고 속까지 다 열릴수록, 그럴수록 교회의 본디 본질에 충실하게 됩니다. 신앙의 창문을 통해 하느님이 이 세상에 들어서시어 우리 안에 더 위대한 것에 대한 동경을 일깨워주십니다. 교회는 하느님이 우리에게, 그리고 우리로부터 하느님께로 오가는 문입니다. 교회가 맡은 일은 자신의 내면으로 닫혀만 가는 세상을 열어젖혀 자기 자신을 벗어날 수 있게 하고 또 빛을, 그것이 없이는 살 수 없는 그런 빛을 주는 것입니다.

그러면 이제 이 제대의 다음 층을 살펴보기로 하겠습니다. 그것은 9세기에 만들어진 나무 의자를 청동으로 입히고 다시 금을 입힌, 비어있는 주교좌인데, 저 나무 의자는 오랜 세월 사도 베드로의 주교좌라고 여겨서 이 자리에 두었습니다. 그리고 나니 이 제단의 이 부분에 담긴 뜻이 벌써 드러 났습니다. 베드로의 이 의자는 어떤 그림보다도 더 많은 걸 이야기해줍니다. 여전히 그 사도가 영원히 여기에 함께 와 있다는, 가르치는 스승으로서 당신의 후계자들 안에서 늘 함께 머물고 있다는 사실을 표현하기 때문입니다. 이 사도 의 의자는 가장 높은 권력의 상징으로, 로마 황제들의 시대 에 사도 스스로의 사명으로 삼고, 그 후계자들의 사명이 된 진리의 옥좌입니다. 이 가르치는 이의 자리는 우리의 기억 을 위해 최후의 만찬 자리에서 하신 주님의 다음 말씀을 똑 같이 되풀이합니다. "나는 너의 믿음이 꺼지지 않도록 너를 위하여 기도하였다. 그러니 네가 돌아오거든 네 형제들의 힘을 북돋아 주어라"(루카 22,32). 그 밖에도 이 사도의 자리에 얽힌 또 다른 기억이 있습니다. 서기 110년경 로마 사람들에 게 보낸 편지에서 안티오키아의 성 이냐시오가 로마 교회를 일컬어 '사랑의 윗자리'라 했던 사실입니다. 신앙의 윗자리 는 사랑으로 앉는 윗자리여야만 하고, 이 둘은 결코 따로 떼 어놓을 수 없습니다. 사랑 없는 신앙이라면 더 이상 예수 그 리스도의 신앙이 아닐 테니까요. 그런데 성 이냐시오의 생 각은 더 구체적이었습니다. 초기 교회의 언어에서 '사랑'이 란 말은 성체성사를 나타내는 말이기도 하였습니다. 성체성 사는 우리를 위하여 당신의 목숨을 바치신 예수 그리스도의 사랑에서 비롯하였습니다. 성체성사에서 예수님은 영원히 우리에게 당신 스스로를 떼어주시고, 우리에게 당신 스스로를 내맡기십니다. 성체성사를 통해 예수님은 변함없이 십자가로부터 우리를 당신의 열린 품에 맞아들이시리라던 당신의 약속을 이행하시고 계십니다(요한 12,32 참조). 그리스도의 포옹 속에서 우리는 또 우리 서로에게 다가갑니다. 한 분뿐이신 그리스도 속으로 맞아들여진 우리는 이제 서로서로 하나로 뭉칩니다. 그리스도와 똑같이 만나 그리스도의 품에 나와 마찬가지로 서 있는 이를 더 이상 낯선 사람으로 볼 수가 없는 까닭입니다.

그런데 이 모든 게 결코 얼토당토않은 신비주의적인 생각들이 아닙니다. 성체성사는 교회의 바탕이 되는 형식입니다. 성체성사로 모인 자리에서 교회가 이루어졌지요. 게다가 때와 곳을 가리지 않고 모든 곳, 모든 때의 모임들이 다 오로지 단 한 분이신 그리스도께 속하기 때문에, 그 결과 그 모든 모임이 다 단 하나뿐인 교회를 이루게 됩니다. 모든 모임들이 말하자면 온 세상을 덮는 일종의 형제자매 관계의 그물이 되어 가까운 데와 먼 데를 연결시켜, 그 모두가 그리스도로 말미암아 함께 가까워지도록 한다는 말이지요. 그런데 보통 우리들 생각에는 사랑과 질서가 서로 반대인 것만 같습니다. 그러니까 사랑이 있는 곳에서는 모든 게 다 저절로 이해되기 때문에 질서는 더 이상 필요하지 않다는 말이지요. 그렇지만 그것은 오해로, 질서에 대한 오해인 동시에 사랑에 대한 오해입니다. 제대로 된 사람 사이의 질서란 어떤 사나운 짐승들을 가두어 얌전하게 있게 만드는 우리의 창살과는 다릅니다. 질서는 다른 사람과, 그리고 제대로 된, 본래의 의미대로 받아들여질 때 가장 사랑받게 되는 제 자신에 대한 존중입니다. 그런 뜻에서 성체성사에 질서가 포함되는 것이요, 그 질서가 바로 교회 질서 본연의 핵심입니다. 그에 따라 사랑으로 앉는 윗자리를 뜻하는, 비어있는 의자는 우리에게 사랑과 질서의 조화에 대해 이야기해줍니다. 이 의자가 속 깊은 뜻으로 가리키는 분은 그리스도로, 본디 사랑으로 이 윗자리에 앉을 분이 곧 예수 그리스도라고 말합니다. 이 자리는 교회의 중심이 미사성제에 있다는 사실을 말해줍니다. 또 교회는 오직 십자가에 달리신 그리스도와 공동체를 이루었을 때에만 하나로 머물 수 있다고 말하고 있습니다. 아무리 잘 짜인 조직의 힘이라도 교회의 일치를 보장하지 못합니다. 교회의 일치가 조직 그 이상일 때, 그리스도에 의지하여 살아갈 때, 오직 그럴 때에만 교회는 세계의 교회일 수 있고 또 앞으로도 그 상태를 지켜갈 수 있습니다. 오직 성체성사에 따른 신앙만이, 오직 함께 와 계시는 주님을 중심으로 모인 모임만이 교회를 영원히 지탱할 수 있습니다. 그리고 바로 그런 이유에서 교회에 질서가 있습니다. 교회는 다수결의 결정으로 다스리지 않고 미사성제 안에서 그리스도와의 만남으로 익어가는 신앙을 통해 다스립니다.

베드로가 맡은 일은 사랑으로 이 윗자리에 앉는 것, 그러니까 교회가 그 기준을 성체성사로 삼도록 살피는 일입니다. 교회는 성체성사의 기준에서 살수록 그리고 성체성사에서 신앙 전통의 기준에 충실한 만큼 더 굳건히 통합되고, 그 일치로부터 세상을 향한 사랑이 더 성숙해집니다. 성체성사는 본디 죽음까지 무릅쓰신 예수 그리스도의 사랑에 바탕을 두고 있습니다. 이 말은 물론 아픔을 없애거나 무슨 일이 있어도 '아픔이란 다른 사람에게 넘겨줘야 할 것'으로 보는 사람은 사랑할 수 없다는 뜻입니다. "사랑으로 앉은 윗자리", 우리는 맨 처음에 텅 빈 옥좌에 대해 이야기했지만, 이제 성체성사의 '옥좌'가 지배의 옥좌가 아니라 섬기는 일꾼의 힘든 의자라는 사실이 분명해졌습니다.

이제 이 제단의 다음 층면을 살펴보기로 하겠습니다. 일꾼의 옥좌를 지탱하고 있는 교부들이죠. 동방의 두 스승인 성 크리소스토모와 성 아타나시오는 서로마 사람인 성 암브로시오와 성 아우구스티노와 더불어 전통의 전체성을 체현하며 그와 아울러 하나로 통일된 교회의 신앙의 충만함을 체현한 이들입니다. 여기서 중요한 생각이 두 가지 있습니다. 사랑은 신앙이란 바탕 위에 섭니다. 사람이 방향을 잃으면 사랑이 무너집니다. 사람이 하느님을 느끼지 못하면 사랑이 무너집니다. 사랑과 마찬가지로 그리고 사랑과 함께 질서와 법도 신앙의 바탕 위에 서고, 교회 안의 권위도 신앙의 바탕 위에 섭니다. 제 안의 질서를 어떻게 세울 것인지 교회가 스스로 생각해낼 수는 없습니다. 그저 안에서 부르는 신앙의 목소리를 갈수록 더 잘 이해하고 신앙으로 살아가려 힘을 기울일 수 있을 뿐입니다. 교회에는 다수결 원칙이 필요하지 않습니다. 다수결 원칙은 언제나 잔인한 면을 함께 지니기 마련이어서, 다수에 속하지 않는 소수자들은 다수가 내린 결정이 제 아무리 어리석거나 심지어 해롭기까지 하더라도 평화를 위해 그 결정에 굽히고 따를 수밖에 없는 노릇입니다. 사람 사이의 온갖 질서들에서도 다를 바가 없는지도 모릅니다. 그렇지만 교회 안에서는 신앙에 대한 결속이 우리 모두를 지켜줍니다. 저마다 다 신앙의 끈을 늦추는 일이 없고, 그런 한에서 성사적인 질서가 교회마저도 다수결 원칙을 따르게 하려는 사람들이 줄 수 있는 것보다 더 큰 자유를 보장합니다.

두 번째 생각은 이렇습니다. 그러니까 교부들의 모습이 성서에 대한 충실의 보장처럼 보인다는 사실입니다. 사람의 해석에 따른 가설들은 흔들리기 마련입니다. 그런 가설들이 옥좌를 지탱할 수는 없습니다. 생명을 밑받침하는 글말(성경)의 힘은 신앙 속에서 해석하고 배우며, 그 신앙은 바로 교부들과 위대한 공의회들이 그 힘에서 들어 얻어낸 것입니다. 여기에 의지하며 따르는 사람은 시대마다 온갖 변화 속에서도 변치 않는 바탕을 이미 찾은 셈입니다.

끝으로 부분들을 보느라고 전체를 간과하는 일이 있어서는 안되겠습니다. 제대의 이 세 가지 층위가 우리를 어떤 움직임으로 이끄는데, 그 움직임은 오름이면서 또 동시에 내림입니다. 신앙은 사랑으로 이어집니다. 신앙이 참된 신앙인지는 거기서 드러납니다. 어둡고 언짧고, 이기주의적인 신앙은 그릇된 신앙입니다. 그리스도를 찾은 사람, 성체성사에서 그리스도께서 던져 펼치시어 온 세상을 뒤덮은 사랑의 그물을 찾은 사람은 기쁠 수밖에 없고 그래서 스스로 주는 사람이 되지 않을 수 없습니다. 신앙은 사랑으로 이어지고, 오로지 사랑을 통해서만 우리는 창문의 높이에 이르러 살아계신 하느님을 내다보고 성령의 굽이치는 빛의 물결과 맞닿을 수 있습니다. 이처럼 양쪽 방향이 서로 넘나들며 오갑니다. 그러니까 빛이 하느님으로부터 와서 내려 비치면서 신앙과 사랑을 깨워 우리를 사다리 위로 오르게 하고, 이 사다리는 다시 신앙에 의해 사랑으로 또 영원의 빛으로 이어집니다.

이 제대가 우리를 끌어들이는 내적 역동성에서 끝으로 알 수 있는 마지막 요소가 하나 있습니다. 그러니까 성령의 창문이 그저 저 홀로 서 있는 게 아니란 사실입니다. 이 창문은 넘칠 듯 가득 찬 천사들, 기쁨의 합창으로 둘러싸여 있습니다. 그것이 말하고자 하는 것은 이렇습니다. "하느님은 홀로 계시지 않는다. 그것은 하느님의 본질에 어긋난다."고요. 사랑은 참여요, 공동체요, 기쁨입니다. 이렇게 보고 나면 또 다른 생각이 꼬리를 물고 이어집니다. 그러니까 빛에 소리가 들어선다는 생각 말이죠. 마치 노래하는 소리가, 천사들의 노랫소리가 들려오는 것 같은 생각이 들기 때문입니다. 왜냐하면 소리 없이 일어나는 이 기쁨의 물결을 떠올릴 수가 없고, 이야기소리나 외침소리로도 생각할 수 없고, 오로지 조화와 다양성이 하나가 되는 찬양으로만 떠올릴 수 있기 때문입니다. 시편에 이런 말이 나옵니다. "당신은 […] 이스라엘

의 찬양 위에 좌정하신 분"(시편 22,4). 찬양은 곧 기쁨의 구름
과 같습니다. 이 구름을 뚫고 하느님이 오시고 이 구름이 하
느님의 탈것이 되어 이 세상으로 하느님을 모십니다. 그렇기
때문에 미사는 영원의 빛이 비쳐드는 것이요, 하느님 기쁨의
소리가 우리 세상에 들려오는 것이며, 또 우리가 온갖 회의
와 혼란을 빠져나와 이 빛의 다독거리는 광채에 다가가는 것
이요, 신앙으로부터 사랑으로 이끌고 그래서 희망의 문을 열
어주는 사다리에 오르는 것입니다.

"그 소식 잘 들리네…"

라이너 쿤체(Reiner Kunze, 1933–)가 1984년에 쓴 다음 부활절 시야말로 우리 시대 부활절의 복된 소식에 대한 느낌을 제대로 잘 표현하지 않았나 싶습니다.

종소리 울린다
텅 빈 무덤에서 오는
기쁨을 주체 못해 깨어질 듯

그처럼 큰 위안이
마침내 한 번 일어났음에

그리고 이천 년 동안
그 놀라움 계속 이어짐에

그래도 한밤중 그리 거세게

종을 두들겨댔음에도
물러나는 어둠 한 자락도 없어라

이 시의 말들을 곰곰이 생각하다 보면 이미 괴테의 파우스
트도 사실 다른 종류의 언어로 똑같은 말을 했다는 생각이 떠
오릅니다. 사람의 보잘것없음이든 신적인 것에 다가갈 가능
성이 없음이든, 아무튼 절망의 순간에 파우스트는 우리 생각
의 한계를 벗어나지 못하고, 실제 참된 현실을 보지 못하고,
우리 삶의 목적이 있는지조차 보지 못하는 불가능성과 맞물
린 무한과 지고, 그것을 향한 동경을 차마 버리지 못하는 사
람의 삶에 깃든 모순성을 견딜 수 없어 자기 목숨을 끝마치려
고 합니다. 바로 그런 파우스트가 나중에는 자기 조수인 바
그녀가 유리 속에서 사람을 만들어내는 데 성공하는 걸 겪게
됩니다. 그렇지만 이처럼 인간의 권세를 넓혀도 우리 존재의
어둠을 없애지 못하고, 오히려 그 어둠을 더 키우기만 합니
다. 왜냐하면 눈먼 권세가 힘없이 눈먼 상태보다 더 끔찍하
고 무엇보다 더 위험하기 때문입니다. 그런 점에서 파우스트
는 현대인을 대표합니다. 처음에 근대가 시작되면서 신성과
맞먹는 제 능력을 경험하고 제 손으로 세계창조를 새로 더 잘
해낼 수 있다고 생각했지만, 결국에는 여전히 벌레에 지나지
않아서 먼지 속을 기어 다니는, 그런 존재의 절망 속으로 굴
러떨어지고 만, 그런 현대인 말이죠. 그래서 사람을 아예 없
애버리는 게 최고의 해결책처럼 보이고, 파우스트는 죽음의

약에 취해보려 하면서 이 해결책을 상징 차원에서 실천하려 합니다. 제 스스로 죽음을 물리칠 수 없다면, 적어도 그 죽음만큼은 제 손으로 이루고 싶다는 것이지요.

파우스트가 절망에 빠져 죽음을 제 손으로 이룩함으로써 해방을 찾으려고 하는 바로 그 순간, 부활절 종소리가 울려 퍼집니다. 그리스도께서 되살아나셨다는 기쁜 소식이 울려 퍼집니다. 이 알림 소리가 커지면서 쿤체가 묘사한 그런 일이 일어납니다. "그처럼 큰 위안이 마침내 한 번 일어났음에, 그리고 이천 년 동안 그 놀라움 계속 이어짐"에 대한 기쁨 말이지요. 물론, 파우스트가 이 소식을 믿을 만한 상태는 아닙니다. 그렇지만 아무리 그런 그라도 이렇게 말하지 않을까요? "물러나는 어둠 한 자락도 없어라!" 믿지는 않았지만 그래도 놀라움에 대한 기억이 그의 영혼을 움직입니다. 한때 있던 신앙에 대한 기억이 그를 도로 삶에 대한 용기로 이끕니다. 그러니 어둠 한 자락이 그래도 물러난 셈이 아닌가요? 신앙을 잃어버리고 난 뒤라도 그가 깨웠던 종소리의 여운만큼은 남지 않았을까요? 아무리 절망에 빠지고 불신에 빠졌더라도 비어 있는 무덤에 대한 귀한 소식에 남모르게 마음이 흔들리지만, 우리가 계몽된 사람이기에 그리고 그런 일이란 세상에 없다고 알기 때문에 부정하고, 또 그런데도 그런 일은 여전히 우리를 따라오는, 그런 게 아닐까요? 말 많은 여자들의 수다일 뿐이라고 여겨 팽개쳤지만 말없는 남자의 지혜로 곰곰이 따져보다 보니 갑자기 더 이상 그렇게 자신할 수 없게 된 사도들처럼 우리도 그와 마찬가지가 아닐까요? 교부들은 교회를 일러 어자라고 하였습니다. 그리고 어쩌면 이미 요한은 부활하신 분을 맨 처음으로 보았던 막달라의 마리아에게서 교회의 모습을 보았던 것인지도 모릅니다. 막달라 마리아는 오늘날에도 역시 마음으로 보는 순수함으로 객관화로 메말라버린 우리 세계 속에 와서는 이 세상에 도무지 어울릴 수 없어 보이는 말을 합니다. 그리스도께서 부활하셨다고 말이지요. 그런데 왠지 모르게 아무도 이 소식을 완전히 무시하고 지나갈 수가 없습니다. 혹시 정말일지도 모르지 않을까…. 최신의 과학이 사실 모든 게 다 가능하고 다른 한편 아무것도 정말로 확실하거나 믿을 수 없다는 걸 가르치고 난 마당에, 누구라고 그걸 배제할 수 있단 말입니까?

부활 축제를 벌일 때와 같은 상황에서 우리는 무슨 일을 해야 옳을까요? 모든 확실한 것들에 대한 의심, 아무것도 불가능하다고 보지는 않지만 또 아무것도 끝내 확실하다고 생각할 수 없는 의심이 파우스트의 절망으로부터 우리를 건져 냅니다. 이 의심은 절망으로부터 오로지 격정에 관계된 것만을 모두 벗겨 냈습니다. 물론, 근대의 정신이 세계와 사람을 궁극적으로 경계 짓는 데 쓰려고 했던 뼈처럼 굳고 단단한 확실함의 벽들이 무너진다면, 그것만으로도 분명 어느 정도 가치가 있습니다. 그러나 마음에 품는 의심이 삶의 바탕은 아닙니다. "제 자신의 운명을 걸고 가설의 주사위 놀음을 하지는 않는다." 조르주 베르나노스(Georges Bernanos, 1888-1948)

64

가 했던 말인데, 물론 이 말은 가설만이 분석의 유일한 근원이 되고만, 어느 신학자의 비극을 비추어 드러내기 위한 것이었습니다. 부활 신앙에 어떻게 다가갈 수 있을까요? 부활 소식이 우리에게 다가오고, 우리를 자기에게로 데려가서 한 조각 어둠이 물러나면서 우리가 새로 살아가는 걸 배우는 식으로요? 마음이 절로 움직이게 되는 이 물음을 놓고 보니 안티오키아의 순교자 성 이냐시오 주교가 로마사람들에게 보낸 편지의 한 구절이 떠오릅니다. 그는 이렇게 썼습니다. "설득으로 빚어진 것이 아니라 실제로 위대한 것, 그것이 그리스도교다"(3,3).* 설득으로 신앙을 갖게 할 수 없고 또 설득당해서도 아니 됩니다. 그렇다면 어떻게 할까요? 어떻게 위대함, 즉 성 이냐시오가 가리키는 실제의 힘 그 자체에 이를 수 있을까요?

옛 교회의 대답은 이렇습니다. 길을 떠나야만 한다. 말씀을 길로 받아들여 그 길에 익숙해져 삶의 실험으로 실제의 경험에 다가가도록 해야 한다고 말이죠. 이런 바탕에서 신앙교육(Katechumenat, 세례 준비)이 이루어졌습니다. 말하자면, 신앙이 그저 단순히 지적인 게 아니고 또 단순한 정보로 전달되는 게 아니라, 익숙해짐의 과정 속에서 그리고 함께 살아감의 과정 속에서 단계별로 시험 되면서 얻어내는 것이란 뜻입니다. 그편이 논리에도 맞아떨어지지요. 깨달음에는 저마

---

*   Lettera di Sant'Ignazio ai Romani 3,3

다 그에 걸맞은 방법이 있습니다. 길이라는 것은 깨달아 가는 이에게 특별히 잘 어울려야 합니다. 나는 의학을 통해서도 이론적으로 철학도 할 수 있고 다른 것들도 할 수 있습니다. 의학이 인식에서 나오는 기술이 되고, 인식으로부터 직접 할 수 있는 능력이 되어야 마땅하다면, 의학은 환자와 병과의 실제적인 관계를 요구합니다. 그러기 위해서는 다시 기구를 다루고 수치들을 읽어낼 줄 아는 능력보다 더 많은 게 필요합니다. 치료할 사람을 제대로 보는 눈이 필요합니다. 사람이란 존재의 아픔은 그저 속에 다른 화학 과정을 통해 영향을 미치고 또 바로잡을 수 있는, 그런 화학 반응의 과정에 문제가 있다는 속성으로 다 설명되는 게 아닙니다. 아픔에 시달리고 있는 건 바로 사람 자체입니다. 화학 반응에서도 그 자신의 사람됨 전체가 다 걸려 있습니다. 살아 있는 '사람'을 제쳐둔다면 벌어지고 있는 일의 본래 주체를 제쳐놓는 셈입니다. 이처럼 이 본보기에서만 보더라도 생각이란 게 사물을 손에 쥐고 잘게 쪼개고 마음대로 하려고 하는 목적으로 나아갈 게 아니란 사실이 분명하게 드러납니다. 그러니까 지배가 아니라 섬김을 통해 깨닫게 되는 게 있기 마련이고, 그것이야말로 더 높은 깨달음의 방법입니다. 우리가 마음대로 지배할 수 있는 것은 우리들 사이의 일일 뿐이기 때문입니다. 잘게 쪼개고 합쳐 모아서 남게 되는 생각이란 그 본질에 비추어볼 때 유물론의 차원이며, 그것으로는 일정한 한계의 문턱까지만 다다를 수 있습니다. 그러니 의사는 쪼개고 분석하는 일을 넘어서 사람에게 헌신하는 게 필요합니다. 그 헌신 속에서 비로소 병의 본질을 이해하게 됩니다.

　이로써 우리는 뜻하지 않게 본보기로부터 주제로 곧바로 넘어가게 되었습니다. 왜냐하면 부활 신앙에서 문제가 되는 것은 우리에게 전염되는 병이요, 죽음으로 말미암는 우리 존재의 내적 상처이며, 바로 그 죽음 속에서 우리를 향해 오시어 바로 거기서 스스로를 알아보게끔 하신, 숨어 계신 하느님이기 때문입니다. 부활의 소식에서 문제 되는 게 그저 이미 지나가 버렸다고 주장되는 어떤 사실에 대한 역사비판의 문제일 뿐이라고 생각한다면, 그것으로 이미 헤어날 길 없는, 잘못된 길에 들어선 셈입니다. 그런 일이라면 역사가들에게 맡겨두면 그만일 테고, 그러면 역사가들은 그 일이 신빙성이 있는지 아니면 그렇지 않은지 확인하게 될 터입니다. 그렇지만 저들은 그 일을 어떻게 확인하려고 할까요? 그들도 우리 모두와 마찬가지로 그때 거기와는 거리가 멉니다. 그들도 우리 모두와 마찬가지로 그 일을 되불러낼 수 없고, 또 우리들이 다가갈 수 있는 문헌 말고 달리 쓸 수 있는 문헌도 없습니다. 서로 다른 보고들 사이에 여기저기 다른 점을 확인하는 것만으로는 판단을 내리기에 충분하지 못합니다. 서로 아무 관계 없는 일련의 증언들이 본질에서 일치한다는 사실, 그것만으로 훨씬 더 중요합니다. 그러나 2천 년이란 거리는 당연히 그런 사실로도 메울 수가 없습니다. 그러면 보통 현대의 세계관이 거들어야만 합니다. 그런 종류의 탈−물질화나 그처럼 순식간에 일어나는 물질의 변화로 알려진 게 하나도 없기 때문에 진정한 부활은 있을 수 없다고 확실하게 말할 수 있다는 그 세계관 말입니다. 그러면 시신을 무덤에 놓아두기로 합니다. 그러고 나면 남게 되는 것은 정도의 차이는 있겠지만 두어 가지 주관적인 장면입니다. 그러니까 부패가 최후의 말이 되고, 부활은 관념에서 나온 헛소문으로 물러앉게 됩니다. 그러나 실제로 보면 여기 방법론이 지나치게 힘에 부친 상태고 시작부터가 전도되었습니다. 부활의 소식을 실제 일어났던 사건의 상황에 축소시키는 사람은 이미 그소식을 놓치고 지나친 셈입니다. 그도 그럴 것이 한때 있었던 상황, 가라앉아버리고 우리에게 너무 먼 과거의 순간 위에 우리 온 삶, 현재와 미래를 어떻게 세울 수 있겠습니까?

부활의 소식이 우리에게 말해주는 것의 깊이는, 몇 차례 지성의 손질로 다다를 수 없는, 그런 깊이입니다. 그러면서도 이 소식에서 가슴 뛰고 아주 새로운 점이라면, 하느님이 – 베이루트의 신학자 장 코르본의 말처럼 – 위로부터 우리에게 복음을 설파하신 게 아니라 죽음의 잔을 손수 마시면서 말씀하셨다는 사실입니다. 그러니 우리도 마찬가지로 그분 말씀을 우러러 귀담아들을 수 없기에, 예수님이 우리를 만나신 것처럼 – 죽을 수밖에 없는 존재라는 우리의 현실을 그대로 안은 채 – 그분을 만나 뵐 수밖에 없습니다. 장 코르본의 말을 한번 더 들어보기로 하지요. "하느님이 사람이 되시어 죽음에 이르지 않았더라면, 그것은 사람을 비웃음이라. 그것

68

이 온갖 종교며 이데올로기 모두에서 나타나는 현상이다. 죽음을 몰아낼 수가 없는 까닭에 사람들의 생각을 죽음으로부터 딴 데로 돌리는 것이다." 성 바오로는 이 신비주의의 광기를 두고 '그들은 오히려 죽음을 맞이하는 것'(1코린 1,17-25 참조)이라고 말합니다. 이와 관련되는 것이 또 하나 있는데, 코르본도 역시 지적한 바 있습니다. 그러니까 경험 차원의 사건들은 모두 사라지기 마련이란 사실입니다. 이것들은 흘러가는 역사의 일정한 시점에 맞물려서, 개중에는 역사의 모습에 얼마간 깊은 흔적을 남기는 것도 더러 있다 하더라도, 끝내는 사라지고 맙니다. 그렇지만 죽음이 죽는 사건은 존재가 죽음으로 변화할 수밖에 없는 흐름으로부터 벗어나는 것입니다. 그것은 덧없음의 장벽에 생긴 구멍으로, 이 구멍이 이제 열려 있습니다. 이 구멍은 그저 과거 속으로 가라앉아버리지 않습니다. 단 한 번 일어났을 뿐이긴 하지만, 그러나 – 히브리서의 말처럼 – 이 한 번이 영원이 되어 영원을 엽니다. 그때 이후로 죽 그렇습니다. 일어난 일이 그대로 남아 있고, 우리는 그렇게 머묾, 그 영원에 이르는 길에 다가가는 길을 찾아야만 합니다. 그러고 나면 그 한 번도 알아차릴 수 있게 됩니다. 거꾸로는 될 수 없습니다.

지난 과거의 현재, 단 한 번의 영원성, 부활절의 오늘에 어떻게 다가갈까요? 그 첫째 기본 규칙은 그 길을 가기 위한 증인들이 필요하다는 것입니다. 처음부터 그랬고, 그것은 이 깨달음의 틀에 속하는 문제입니다. 부활하신 분은 큰 무리로 모인 요란한 공공의 자리에서 모습을 보이지 않으셨습니다. 그것은 그분께 다가갈 수 있는, 그분을 맞이하는 방법이 결코 아닙니다. 예수님은 당신이 걸어가신 죽음의 길을 조금이나마 함께 걸었던 증인들에게 모습을 보이셨습니다. 그 증인들과 함께 걸어가기, 그것만이 진리를 만날 수 있는 방법입니다. 이 길은 그 단계와 걷는 방법이 다양합니다. 그 본보기로 우리 시대 회개의 길 한 가지만, 그러니까 '타챠나 고리체바'(Tatjana Goritschewa)의 길만 떠올리기로 하겠습니다. 그는 삶의 목적이 남보다 돋보이는 것이라고 배웠습니다. "다른 사람들보다 더 똑똑하고, 더 능력 있고, 더 강하고… 그렇지만 삶에서 가장 높은 것은 다른 사람들을 따라잡고, 이기는 데 있는 게 아니라 사랑하는 데에 있다는 사실을 말해준 사람은 이제껏 아무도 없었다." 여러 단계를 거쳐 예수님을 만나면서 그는 마음속으로부터 이를 깨달았고, 마침내 어느 날 주님의 기도를 드리다가 새로 태어남을 겪고, 이 경험을 존재 전체를 뒤흔드는 깨달음 속에서 받아들이기에 이르렀습니다. "우스갯거리에 지나지 않은 내 이성이 아니라 내 존재 전체로 그분이 존재하신다는 걸 깨달았다." 이야말로 전적으로 현실에 바탕을 둔 깨달음이요, 경험이며, 다시 할 수 있고 그런 점에서 검증 가능한 경험입니다. 물론 그 검증이란 게 구경꾼의 몸가짐으로 되는 게 아니고, 오로지 하느님과 함께하는 삶의 실험에 들어서야 가능합니다.

바로 이것이야말로 옛 교회가 사람을 부활하신 분과 만날 수 있도록 이끄는 신앙교육의 참된 의미입니다. 한 걸음 한 걸음 증인들을 통해 예수님 길의 실험, 예수님과 그리고 하느님과 함께하는 삶의 실험을 받아들이도록 이끌지요. 니사의 성 그레고리오(Gregorius, 335?-394?)는 모세가 비록 하느님의 얼굴을 보지는 못했지만 등은 볼 수 있었다는 신비스런 글을 해석하면서 이와 관련하여 탁월하게 표현한 바 있습니다. 그는 이런 식으로 말했습니다. "영원한 삶에 대해 묻는 이에게 주님이 대답하셨다. [⋯] '그리고 와서 나를 따라라'"(루카 18,22). 그런데 뒤따르는 이에겐 그가 따르는 이의 등이 보인다. 그리고 하느님을 보기를 간절히 바라는 모세도 어떻게 하면 하느님을 볼 수 있는지 가르침을 얻는다. 바로 하느님이 어디로 가시든 하느님을 뒤따르는 것, 그게 바로 하느님을 보는 것이다."

이런 길을 걸으라고 부활절의 종소리가 울립니다. 부활절 종소리는 끊임없이 한밤중에 깨어있는 사람을 만납니다. 그렇지만 그 종소리에 마음이 움직이게 되면, 어둔 밤은 아침에게 자리를 물려주고 물러갑니다. 한 자락 어둠이 물러나고 환한 낮이 됩니다. 오늘도 마찬가지입니다. 부활절 기쁨은 바로 이 약속 안에 있습니다.

사라의 웃음

우리 대부분이 그러리라 싶은데, 부활절을 생각하면 절로 떠오르는 게 밝음과 기쁨이지만, 그러한 밝음과 기쁨으로도 이날에 담긴 속 내용을 제대로 이해하기란 성탄절의 속 내용보다 훨씬 더 힘듭니다. 태어남, 어린아이의 존재, 가족 ─ 이 모든 게 우리들 자신의 체험세계에 듭니다. 그렇기 때문에 하느님이 어린아이가 되었기에 그 어린아이가 위대하고, 그러면서도 그 위대함은 인간적이고 가깝게 와 닿으며 이해하기 쉽다는 생각이 아무 거침없이 떠오릅니다. 우리의 믿음에 따르면 베들레헴에서 이루어진 탄생을 통해 하느님께서 친히 이 세상에 오셨고, 그 빛의 자취는 부활의 소식을 그런 식으로 받아들일 줄 모르는 사람들에게조차 다가갑니다.

부활절에서 다른 점이라면 이렇습니다. 부활절에서는 하느님이 우리에게 익숙한 삶 속에 들어오신 게 아니라 우리 삶의 한계를 뚫고 죽음 저편의 새로운 곳으로 들어가셨습니다. 더 이상 우리를 뒤따르시지 않고 우리를 앞서 가시며 횃

불을 들어 우리에게 알려지지 않은 드넓은 곳을 비추시며 용기를 내어 당신을 따라갈 수 있게 하십니다. 그렇지만 우리가 아는 것이라고는 죽음의 이편뿐이기에 이 소식은 도무지 우리 스스로의 경험들과는 맞아떨어지지가 않습니다. 그 말씀에 가까이 다가갈 수 있도록 도움이 될 만한 생각이 떠오르질 않습니다. 모르는 세계로 건너뛰는 일이 있어야 하는데, 그러자니 우리의 좁은 생각이며 짧은 걸음 폭이 아프게 다가옵니다.

그렇기는 해도 우리가 이제 적어도 아는 이의 말씀을 통해서나마 아무도 무관심할 수 없는 것에 대해 알게 되었다고 생각하면, 그야말로 가슴 두근거리는 일입니다. 경험할 수 없는 것을 경험했다면서 죽음의 어두운 문을 지난 뒤에 무엇이 있는지 말할 수 있기라도 하다는 듯한, 지난 여러 해에 걸쳐 나온 죽은 이들에 대한 보고들을 걷잡을 수 없는 호기심으로 받아들이곤 했습니다. 이와 같은 호기심에서 죽음에 대한 물음이 우리 모두에게 얼마나 절실한지 알 수가 있습니다. 그렇지만 그런 보고들을 아무리 듣더라도 어딘가 부족한 점이 남는데, 그 이유는 저 증인들 모두가 결국은 죽은 게 아니라 인간 생명과 의식의 어느 극한 상태를 겪은, 그런 특별한 경험을 맛보았을 뿐이기 때문입니다. 저들이 정말로 죽었을 때 그들이 했던 경험을 확인할 수 있으리라고 말할 수 있는 사람은 아무도 없습니다. 그렇지만 부활절이 이야기하는 그분은 – 예수 그리스도 – 실제로 '죽음의 세계'에 내려가셨습니다.

예수님은 죽음의 세계에서 누군가를 보낸다면 믿으리라 하던 부자의 청에(루카 16,27-31 참조) 응하셨단 말씀입니다! 우리가 믿을 수 있도록 진정한 라자로이신 예수님이 손수 건너와 계십니다. 그런데 우리가 정말로 그대로 하나요? 예수님이 오셔서 저 죽음 뒤의 세계를 덮은 어둠을 다 걷으시고 '저 세상'을 다 그려 보이시진 않으셨습니다. 그렇지만 당신이 그곳에 우리 '살 곳을 마련해 두셨다'고 말씀해 주셨습니다(요한 14,23 참조). 비록 이야기하신 방법이 소름 돋을 정도는 아니지만, 그래도 역사상 가장 가슴 두근거리는 새로움이 아닙니까?

부활절은 도저히 우리 머리로 떠올릴 수 없는 것과 관계됩니다. 우리는 처음에는 그저 말씀을 통해서만 이 부활절 사건을 만나게 되지, 우리 감각을 통해서 만나는 건 아닙니다. 그런 만큼 스스로 이 말씀의 위대함의 세례를 받는 일이 더욱더 중요합니다. 그렇지만 우리는 어느덧 감각으로 생각하는 데에 길들었기 때문에, 교회의 신앙에서는 벌써 옛날부터 말씀에 드러나지 않고 담겨 있는 것을 직관으로 알 수 있도록 하는 상징으로 부활절 말씀을 옮겨놓았습니다. 빛(그와 아울러 불)의 상징은 아주 특별한 역할을 합니다. 부활절 촛불은 밤의 어둠에 싸인 교회에서 생명을 나타내는 상징인데, 이 촛불에 대한 인사는 곧 죽음에 대한 승리에 해당합니다. 옛날 한때 일어났던 일이 우리의 현실로 옮겨옵니다. 빛이 어둠을 이기는 곳에서는 부활과 같은 일이 일어나는 법이니까요. 물로 하는 세례 예식은 부활의 상징으로 또 다른 창조의 요소를 부각시킵니다. 바로 물인데, 이 물에는 죽음의 무기가 될 수 있다는 위협적인 면도 있습니다. 그렇지만 샘에서 솟는 생명의 물은 사막 한가운데에 생명의 오아시스를 만드는 풍요로움입니다. 전혀 다른 종류의 세 번째 상징이 있는데, 바로 알렐루야 노래입니다. 부활절 전례에서 장엄하게 부르는 이 노래는 사람의 목소리가 그저 부르짖고 신음하고 탄식하고 말하고 하는 것으로만 그치지 않고, 이처럼 노래 부를 수도 있다는 걸 보여줍니다. 사람이 창조의 목소리들을 부르고 또 조화로 탈바꿈시킬 수 있다는 사실에서 우리 스스로와 창조물이 얼마만 한 변화의 능력이 있는지 아주 놀라운 방식으로 예감할 수 있지 않습니까? 이야말로 우리가 다가오는 일을 예감하고 동시에 가능성이요 현재로서 받아들여도 좋은 희망의 놀라운 상징이 아니겠습니까?

그 밖에도 부활절이 열리는 계절 또한 우연한 게 아닙니다. 그리스도교의 부활절은 유다교의 파스카를 넘어 종교사 깊숙이에 미쳐서 이른바 자연 종교라고 하는 영역에까지 다다릅니다. 예수님은 살아가시는 동안에 당신의 '시간'에 대해 아주 분명하게 말씀하셨는데, 제게는 그런 점이 자꾸만 두드러져 보여, 곰곰이 생각해보게 됩니다. 예수님은 죽음을 향해 가시면서 그 시간이 이르기 전까지는 그 죽음을 마다하십니다(이를테면 루카 13,31-35 참조). 그러시면서 일부러 당신의 사명을 인류의 전체 신앙역사와 그리고 창조의 상징들과 함께 엮으십니다. 당신 사명의 완수를 이 잔치와 결부시키시면서 저절로 봄철 첫 보름날에 맞추셨습니다. 그저 기술에 의지하고 역사에 의지해 생각하는 학자들한테는 이런 일이 이해되지 않고 또 아무 뜻도 없는 것으로 비칠 수밖에 없지 않겠지요. 하지만 예수님 생각은 달랐습니다. 당신의 시간을 달과 지구의 회전, 곧 자연의 밀물과 썰물과 맞물리시면서 당신의 죽음을 우주의 맥락 속에 끼워 넣으시고 또 그리하여 거꾸로 우주를 사람과 연결시키십니다. 교회의 대축제에 만물이 함께 축하하며, 또 거꾸로 교회의 대축제는 만물을 축하합니다. 이 부활절 잔치에 우리는 지구와 별들의 리듬에 따라 조율하면서 그들이 일러주는 소식을 받아들입니다. 그렇기 때문에 봄의 첫 보름달이 가리키는 자연의 새 아침은 진정으로 부활절 소식에 드는 상징이 됩니다. 창조가 우리들에 대해 이야기하고 우리에게 이야기합니다. 우리는 창조의 목소리를 듣는 걸 배울 때 우리는 우리 스스로를 그리고 그리스도를 제대로 이해하게 됩니다.

하지만 여기서는 유다교의 파스카의 중심을 차지하면서 다시 교회의 부활절 그림 언어의 알맹이까지 된 그 상징, 곧 부활절 양에게 생각을 돌려보고자 합니다. 성서에서 양의 상징이 맡아 하는 역할이 눈에 두드러집니다. 요한 묵시록에 따르면 오직 어린 양만이 역사의 봉인을 벗겨 낼 수 있습니다. 도살된 듯 보이면서도 살아 있는 어린 양은 하늘과 땅의 모든 피조물들의 존경을 한몸에 받습니다. 아무 원망도 없이 죽음을 받아들인 어린 양은 마음이 부드러운 이들 편입니다.

이 마음 부드러운 이들에 대해 성서에서는 이렇게 말합니다. "행복하여라, 온유한 사람들! 그들은 땅을 차지할 것이다"(마태 5,5). 죽을 상처를 안은 이 양이 우리에게 '끝내는 죽인 이들이 승자가 되지 못하리라.' 하셨습니다. 이 세상이 유지되는 것은 죽이는 이들보다 스스로를 희생하는 이의 덕입니다. 도살된 양이 되는 이의 희생이야말로 하늘과 땅을 함께 지탱합니다. 바로 이 희생 속에 참된 승리가 있습니다. 바로 이 희생으로부터 생명이 나오고, 바로 그 생명이야말로 온갖 끔찍한 일들을 헤쳐 나가 역사에 의미를 주고, 끝내는 그 역사를 기쁨의 노래로 탈바꿈시킵니다.

저에게는 바로 앞에서 이야기한 글들에서 알아볼 수 있는 것보다는 더없이 신비스런 성서 속 양의 이야기 속에 나오는 양의 상징이 뜻하는 바가 더 많습니다. 이 성서의 양 이야기는 읽는 사람들에게 거부감을 불러일으킬 때가 많지만, 바로 그렇기 때문에 하느님과 하느님 신비를 이해하기 위한 길에 대한 더 뜻깊은 물음을 던지게 하는 가시 노릇을 하기도 합니다. 내가 말하려고 하는 것은 다름 아닌 이사악의 희생 이야기입니다. 산을 오르면서 이사악은 희생에 바칠 짐승이 없다는 사실을 확인합니다. 그에 대해 묻자 아버지는 이렇게 말합니다. "애야, 번제물로 바칠 양은 하느님께서 손수 마련하실 거란다"(창세 22,8). 아브라함이 이사악에게 칼을 내리치려는 바로 그 순간, 정말로 그가 말했던 일이 그대로 일어납니다. 가시덤불에 숫양 한 마리가 엉켜 있었고, 그 숫양을 이사악 대신에 희생으로 바쳤습니다. 유다교에서는 이사악이 묶인 채로 제단에 누워있던, 그 신비의 순간에 대하여 끊임없이 생각에 생각을 거듭했습니다. 이스라엘이 거기서, 묶여 있고 죽음의 칼이 내려치려고 하는 이사악의 모습에서, 제 스스로의 처지, 제 자신의 모습을 알아보고는, 다시 그 이야기에서 희망을 찾아내고 또 이스라엘 스스로의 운명을 이해해보려고 하였기 때문입니다. 이스라엘은 그러니까 이사악의 모습 안에서 곧바로 하느님께서 다 알아서 마련해 주시리라는 말씀의 진리에 귀를 기울였습니다. 그래서 유다인들 사이에 전해 내려오는 어느 이야기에 따르면, 이사악이 두려움의 비명을 내지르던 바로 그 순간 하느님께서 하늘을 열어젖히셨고, 그러자 거기서 이 이사악이란 사내아이가 눈에 보이지 않는 창조의 성전들과 천사의 합창들의 모습을 알아보더라는 이야기입니다. 이것과 맞물리는 전통이 또 하나 있는데, 이에 따르면 이사악이 이스라엘의 제사 전례를 만들어냈다고 합니다. 그래서 신전을 시나이에 세우지 않고 모리야(Morijah—솔로몬이 신전을 세웠던 언덕)에 세웠다는 말입니다. 그에 따르면 모든 경배는 이사악의 바로 이 눈길에서, 거기서 그가 보고 그에 대해 전했던 것에서 비롯했다고 합니다. 마침내는 이사악의 이름에 담긴 뜻에 대한 궁리도 이 맥락 속에 드는데, 그 이름의 어원에는 '웃다'는 뜻이 들어 있습니다. 성서는 거기서 먼저 아직도 아들을 얻을 수 있으리란 말을 믿으려 하지 않는 아브라함과 사라의 불신에 차고 슬픔에 젖은 웃음을 봅니다(창세 18,12 참조). 그 뒤에 전해지는 이야기들에서는 이 웃음을 이사악의 부모하고만 연결시키는 게 아니라, 이사악 그 자신과 연결시킵니다. 그리고 사실이 그렇습니다. 그러니까 견딜 수 없을 만큼 끔찍한 죽음의 공포로 말미암은 긴장 끝에 갑자기 수수께끼의 해답으로 사로잡힌 숫양이 나타났으니 웃을 이유가 있고도 남지 않겠습니까? 산에 올라 제물로 묶이는 그 무시무시하면서도 슬픈 드라마가 갑자기 생각지도 않은, 그처럼 경악할 만한 시작 뒤에 거의 우스꽝스럽기마저 한, 그러면서도 또 해방에 구원을 주는 결말이 나오는데, 웃지 않을 수 있겠습니까? 바로 이 순간에 세계의 역사가 비극이 아니요, 서로 대립되는 힘들 사이의 피치 못할 비극이 아니라, 하느님의 희극(『신곡』, Divina Commedia)이란 사실이 드러납니다. 맨 마지막을 본 사람은 웃을 수 있습니다.

유다인 전통에서 이사악의 이야기를 두고 거듭해서 새로 궁리하곤 했듯이 교부들도 마찬가지로 이 이야기에서 벗어날 수 없었습니다. 교부들 역시 이렇게 물었습니다. 묶인 채 장작더미 위에 얹혀 있던 그 극단의 순간 이사악은 무엇을 경험했을까? 교부들의 대답은 유다인 율법학자들의 대답보다 더 간단하고도 사실적이었습니다. 그들은 아주 간단하게 이렇게 말합니다. "이사악은 그를 대신할 숫양을 보았고 그로써 그 순간에 구원까지 받았다." 이사악은 숫양을 보았고, 그 숫양은 그래서 유다교 제사 전체의 알짬이 되었습니다. 교부들도 마찬가지로 말하기를, 유다인의 제사란 궁극적으로 그 순간의 경험을 이어가며 지켜내려는 것이라 하였습니다. 그 제사로 대체를 통한 구원을 이루어내려고 한다는 말이지요. 또 교부들은 이사악에게는 — 숫양을 보면서 — 기뻐할 까닭이 있다는 것과, 앞서 그에게서 사라져버렸던 웃음이 이 순간 되돌아왔다는 사실도 알았습니다.

그런데 교부들은 한 걸음 더 나아갔습니다. 이사악이 숫양을 보았다고 하는 말에는 이런 뜻이 담겨 있다는 것이지요. 이사악은 다가오시는 이의 상징을 보았다, 스스로 양이 되신, 다가오시는 그분을. 이사악은 양을 보면서 우리를 위해 역사의 덤불에 붙잡히시고 또 우리를 위해 그리고 우리를 대신하심으로써 우리를 구원하시기 위해 스스로 묶이신 분을 보았단 말씀입니다. 교부들에 따르면 바로 그런 점에서 이사악은 정말로 하늘을 들여다본 셈이었습니다. 왜냐하면 그 안에서 그는 알아서 마련해 주시고 또 다른 곳이 아닌, 죽음의 문턱에 서 계신 하느님 모습을 보았기 때문입니다. 숫양을 향한 눈길은 바로 알아서 마련해 주시기만 할 뿐만 아니라 스스로 우리를 대신하여 마련된 제물, 그러니까 양이 되심으로써 사람이 되어 사신 하느님을 향한 눈길입니다. 숫양을 보면서 이사악이 궁극적으로 보았던 것은 파트모스 섬에서 요한이 열린 하늘에서 바라보았던 것과 똑같습니다. 요한을 그것을 이렇게 묘사하였습니다. "나는 또 어좌와 네 생물과 원로들 사이에, 살해된 것처럼 보이는 어린양이 서 계신 것을 보았습니다. [⋯] 그리고 나는 하늘과 땅 위와 땅 아래와 바다에 있는 모든 피조물, 그 모든 곳에 있는 만물이 외치는 소리를 들었습니다. '어좌에 앉아 계신 분과 어린양께 찬미와 영예와 영광과 권세가 영원무궁하기를 빕니다.'"(묵시 5,6.13). 양을 보면서 이사악은 제사가 무엇인지를 보았습니다. 하느님 스스로 당신의 제사를 준비하셨고, 이 제사를 통해서 사람을 대신하시고 구원하시고 또 기쁨의 웃음을 돌려주시어, 창조에 대한 찬양이 되도록 하십니다.

그러면 우리가 교부들이며 유다인의 이야기들과 무슨 상관이 있느냐고 물을지도 모르겠습니다. 그러나 나는 여기서 이야기한 이사악이 우리 자신이라는 사실을 알아차리는 일이 그리 어렵지 않다고 생각합니다. 우리는 이 시대의 산을 올라가는데 우리 죽음의 연장을 몸소 짊어지고 갑니다. 처음에는 목적지가 멀기만 합니다. 아직은 지금의 현재가, 그러니까 산 위에서 맞는 아침, 새들의 노래, 맑은 햇살이 기껍기만 합니다. 그렇듯 길 자체가 기껍기에 목적지에 대한 정보는 아무 필요도 없다고 생각합니다. 그러나 길을 가면 갈수록 그만큼 피할 수 없게 절박해지는 물음이 있습니다. 도대체이 길이 어디로 향하는가? 도대체 이 모든 게 무얼 어쩌자는 것인가? 우리는 영문도 모른 채 전에까지 전혀 알아보지도 못했던 죽음의 상징들을 바라보고, 그러자니 인생 전체가 사실은 그저 죽음의 한 변형일 뿐이 아닐까, 우리가 속고 있으며 인생이 사실은 선물이 아니라 무리한 기대일 뿐이 아닐까

하는 의심이 피어오릅니다. 그러고 나면 다음과 같은 어두운 대답이 나옵니다. "하느님이 다 알아서 마련해 주시리라." 그런데 이 대답은 이제 설명이라기보다는 변명처럼 들립니다. 이런 생각이 온전히 배어들면, '하느님' 소식이 더 이상 믿기지 않게 되면, 해학이 메말라버리고 맙니다. 사람이 웃을 일이 더 이상 없고, 오로지 무자비한 비꼼만이 남거나 하느님과 세상에 대한 반감, 우리 모두가 다 알고 있는 반감만이 남게 됩니다. 그러나 어린 양 – 십자가의 그리스도 – 을 본 사람은 하느님이 정말로 이미 알아서 다 마련해 주셨다는 사실을 압니다. 하늘은 열리지 않고, '눈에 보이지 않는 창조의 성전들과 천사의 합창들'을 보는 사람이 하나도 없습니다. 우리가 볼 수 있는 전부는 – 이사악의 경우처럼 – 사도 베드로가 세상 창조 이전에 이미 뽑히시어 미리 준비되었다고(1베드 1,20 참조) 말한, 바로 그 양입니다. 그렇지만 이 양을 – 십자가에 달리신 그리스도를 – 보는 눈길이 이제는 다름 아닌 하늘을 보는 우리의 눈길, 하느님이 미리 알아서 마련해 주신 영원한 것을 보는 우리의 눈길이 됩니다. 그러면서 우리는 이 양에서 하늘에 커다랗게 갈라진 틈을 들여다보게 됩니다. 우리는 하느님의 부드러움, 냉담이나 나약함이 아니라 최고의 힘인 저 부드러움을 봅니다. 이런 방법으로, 오직 이러한 방법을 통해서만 우리는 창조의 성전들을 보고 거기서 천사의 합창을 조금이나마 듣게 됩니다. 그렇습니다. 우리는 부활절날의 알렐루야에서 천사들의 합창을 조금이나마 함께 불러보려고 해볼 수 있답니다. 우리가 저 양을 보았기에 우리는 웃을 수 있고 또 고마워할 수 있습니다. 저 양으로부터 우리도 하느님 경배가 무엇인지 깨닫습니다.

다시 한번 교부들로 돌아가 보도록 합시다. 앞서 들었듯, 교부들은 저 양에게서 예수님에 대한 예고를 보았습니다. 교부들은 예수님이 양이요 그와 동시에 이사악이라는 사실을 깨달았습니다. 예수님은 스스로 붙잡히시어 묶이고 죽임을 당하신 양입니다. 그러면서 또 하늘을 들여다본 이사악이기도 합니다. 아니, 이사악과는 달리 예수님은 그저 상징으로 들여다보기만 하시지 않고 몸소 건너가셨습니다. 그때부터 하느님과 사람 사이의 경계가 사라졌습니다. 예수님은 되살아난 사람으로 죽음의 산을 다시 내려오는, 얼굴 표정에 기쁨의 웃음 가득한 이사악이십니다. 되살아난 이의 말씀 모두에 이 기쁨 – 구원의 웃음 – 이 담겨 있습니다. 내가 보았고 지금도 보고 있는 걸 여러분이 보게 된다면, 일단 한번 이 전체 광경을 보게 된다면, 그러면 여러분은 웃게 됩니다(요한 16,20 참조).

바로크 전례에는 한때 부활절 웃음이란 뜻의 '리수스 파스칼리스'(risus paschalis)라는 것이 있었습니다. 부활절 강론에는 교회가 기분 좋은 웃음소리로 울릴 수 있도록 반드시 웃음을 끌어낼 만한 이야기가 들어 있어야만 했습니다. 그리스도교의 기쁨으로는 껍데기뿐이고 깊이 없는 형식일지도 모르겠습니다. 그렇지만 웃음이 전례의 상징이 되었다니, 사실 어딘가 멋있고 또 어울리는 일 아니겠습니까? 그리고 날개 달린 천사 상들과 장식들이 어우러진 바로크 양식의 교회에서 구원받은 이들의 자유가 드러나는 웃음소리까지 늘 듣게 된다면 우리 기분이 좋지 않을까요? 또 하이든이 자신의 작곡한 교회음악들에 대해 이야기하면서, 하느님에 대한 생각을 하노라면 어떤 기쁨이 느껴져서 "나는 (그는 말을 이었다) 부탁의 말을 입 밖에 꺼내려고 하면서 내 기쁨을 억누르지 못하고 마침내 즐거운 내 기분을 마음껏 풀어놓고 미세레레* 같은 곡들에 '알레그로'를 달았다."라고 하였는데, 그게 바로 부활절 신앙의 모습이 아닐까요?

묵시록에서 나타나는 하늘나라의 모습에서는 우리가 부활절에 신앙을 통해 보는 것이 드러납니다. 다름 아니라 죽임을 당한 양이 살아 있는 모습이지요. 저 양이 살았기에 우리 울음이 그치고 웃음으로 바뀝니다(묵시 5,4이하 참조). 이 양을 보는 눈길이 열린 하늘을 보는 우리 눈길입니다. 하느님이 우리를 보시고, 또 비록 우리가 생각하고 바라는 대로는 아닐지라도 하느님은 일을 하십니다. 부활절부터 비로소 우리는 진정으로 신앙고백의 첫째 신조를 완전히 말할 수 있습니다. 부활절부터 비로소 이 신조가 완전히 채워져 위안을 줍니다. "전능하신 천주 성부를 믿습니다." 저 양으로부터 비로소 하느님이 정말 아버지시란 걸 그리고 정말로 전능하시

다는 걸 알았기 때문입니다. 이를 깨닫는 사람은 결코 다시는 온전한 슬픔이며 절망에 빠지지 않게 됩니다. 이를 깨닫는 사람은 죽이는 자들의 편에 서고 싶은 유혹을 이겨내게 됩니다. 이를 이해한 사람은 스스로 저 양의 처지가 되는 일이 있더라도 최후의 두려움을 느끼지 않게 됩니다. 그러고 나면 그는 그야말로 가장 안전한 곳에 있는 셈이니까 말입니다.

　그러니까 부활절은 우리를 초대합니다. 그저 예수님 말씀을 듣기만 할 게 아니라 들으면서 마음으로부터 보는 법을 배우라고 말입니다. 교회 잔치 가운데 가장 큰 잔치인 이 부활절은 죽임을 당한 이이며 되살아난 이를 우러르면서 하늘의 열린 틈을 찾도록 격려합니다. 부활에 담긴 뜻을 제대로 깨달으면 땅 위의 저 하늘이 아예 다 닫혀 있는 게 아니란 걸 알게 됩니다. 그러고 나면 － 아직은 조심스럽지만 그래도 힘차게 － 하느님의 빛이 우리 삶에 비쳐들게 됩니다. 그러고 나면 우리 안에서 이전까지는 헛되이 바라기만 했을 뿐인 기쁨이 솟아오르고, 이 기쁨이 깃든 사람이라면 저마다 다 나름대로 틈이 되고, 그 틈을 통해 하늘이 이 지상을 내려다보고 또 이 지상에 다가올 수 있습니다. 그러고 나면 묵시록에서 미리 내다보았던 일이 그대로 실현됩니다. 하늘과 땅 위와 땅 속과 물에 사는 모든 피조물, 이 세상의 모든 것들이 다 구원받은 이들의 기쁨으로 가득 차게 된다는 말씀입니다(묵시 5,13 참조). 우리와 저러한 일을 깨닫는 만큼, 떠나는 이, 그리고 떠나면서 다시 새로이 오시는 예수님의 다음 말씀도 이루어집니다. "너희의 근심은 기쁨으로 바뀔 것이다"(요한 16,20). 그리고 부활절을 통해 믿게 된 사람들은 사라처럼 이렇게 말할 수 있습니다. "하느님께서 나에게 웃음을 가져다 주셨구나. 이 소식을 듣는 이마다 나한테 기쁘게 웃어 주겠지"(창세 21,6).

새로운 사이, 가까움의 시작

그리스도 승천의 이야기에 복음사가 루카가 논평한 말이 있는데, 저는 그 말을 신학 차원으로 풀어내 보기도 무척 여러 번이었는데도, 아직도 볼 때마다 놀랍기만 합니다. 다름 아니라 루카가 복음서에서, 올리브 동산에서 예루살렘으로 돌아오던 사도들이 큰 기쁨에 가득 찼다고 한 말입니다. 보통 우리가 아는 일반 심리학과는 도저히 맞아떨어지지가 않는 일입니다. 주님의 승천은 되살아나신 이의 마지막 모습일 테니 말입니다. 이 세상에서는 더 이상 그분을 뵙지 못하리란 사실을 사도들은 알고 있었습니다. 이 헤어짐이 그리스도 수난의 날(성 금요일)에 일어난 헤어짐과는 분명 비교가 되지 않습니다. 왜냐하면 그때의 예수님은 아무리 보아도 실패하신 듯 보였고 그러면서 앞서 품었던 희망들이 모두 이제는 크나큰 잘못인 듯 여겨졌기 때문입니다. 그에 비해 부활하시고 나서 40일째 되던 날의 헤어짐에는 무언가 승리의 기운이며 믿음직스러움이 담겼습니다. 이번에는 예수님이 죽음으로 떠나신 게 아니라 생명으로 들어가셨기 때문입니다. 예수님은 지고 마신 게 아니라 하느님으로부터 권능을 받으셨습니다. 그러니 의심의 여지 없이 기뻐할 이유가 되고도 남지요. 하지만 이성과 의지가 기쁨에 젖었더라도 감정마저 꼭 기쁨에 함께 젖어야만 하는 것은 아닙니다. 예수님의 승리를 이해하면서도 인간적으로 가까움을 잃는다는 점에서는 아플 수도 있는 법이니까요. 홀로 남고 말았다는 데에서 오는 두려움이 피어오를 수도 있고, 더 나아가 눈앞에 닥쳐온 엄청난 할 일에서 두려움이 밀려올 수도 있습니다. 그러니까 알지 못하는 곳에 나아가고 또 사도들 모습에서 그저 유대 나라 출신으로 풍비박산이 난, 가련한 사람들 모습밖에 보이지 않던 세상 앞에서 예수님에 대해 증언을 해야 하는 일이지요.

그런데 바로 그 자리에 고향에 돌아오는 이들의 커다란 기쁨에 대한 말이 나옵니다. 이 말을 남김없이 다 밝혀낼 수는 결코 없는 노릇입니다. 그와 마찬가지로 순교자의 기쁨도 우리로서는 이해할 수가 없습니다. 이를테면 막시밀리안 콜베 성인이 죽음의 수용소에서 성가를 불렀다든가 폴리카르포 성인이 화형의 장작더미 위에서 말한 기쁨의 하느님 찬양이며 그 밖에도 그런 보기들은 많습니다. 이웃 사랑의 성인들이 아픈 이들이며 힘들어하는 사람들에게 아주 어려운 일들을 하는 순간 – 고맙게도 그런 일들이 그저 지나가 버린 역사로 끝나지 않았지요. – 그들에게서도 저와 똑같은 커다란 기쁨을 보게 됩니다. 이와 같은 경험들 덕으로 우리는 그리스도 승리의 기쁨이 그저 머리에만 와 닿는 게 아니라 마음에도 역시 전해질 수 있고 그러면서 비로소 정말로 우리에게 다다르게 된다는 사실을 짐작할 수 있습니다. 그와 같은 것이 우리 스스로의 마음속에서 일어날 때 비로소 우리는 주님 승천 대축일을 제대로 이해하게 됩니다. 궁극적으로 결정된 구원 소식이 사람의 마음속에 다다라 깨달음이 기쁨이 되는 일이 바로 이날 일어났습니다.

무슨 일이 어떻게 일어났는지 자세한 내막은 우리로서는 알지 못합니다. 그렇지만 성경은 우리에게 그래도 몇 가지 실마리를 줍니다. 이를테면 루카는 예수님께서 부활하신 지 40일째 되던 날 사도들의 눈앞에 나타나시고 그들의 귀에 하느님 나라의 일들에 대해 들려주셨다고 이야기합니다. 그러고 나서 또 제3의 말을 보태는데, 그 나날 동안 함께 했던 일에 대한 해석을 담은 말로, 공통 번역에서는 '함께 하는 식사'로 옮겼습니다. 그렇지만 말 그대로 보자면, 주님이 '그들과 더불어 소금을 드셨다'가 됩니다. 소금이야말로 손님 대접에서도 가장 값진 선물이고, 그런 점에서 손님을 대하는 친절함의 표현입니다. 따라서 그 번역은 이렇게 해야 할 듯싶습니다. 주님이 그들을 반갑게 맞으시고, 친절히 대접하시었는데, 그 대접은 그저 겉으로 일어나는 일로 끝나는 게 아니라 스스로의 삶에 함께 참여함을 뜻하였다고 말입니다. 그런데 소금은 또 그리스도 수난의 상징이기도 합니다. 소금은 양념이면서 썩음과 죽음을 막는 방부제이기도 합니다. 이 신비

가득한 말이 어떤 식으로 들리든, 그 말에 담긴 뜻은 웬만큼 분명합니다. 다름 아니라 예수님께서 사도들이 오감과 마음으로 이 신비를 느끼도록 하셨다는 말이죠. 그것은 그저 관념 차원에 그치지 않고, 이성으로 아는 깨달음은 아직 크지 않지만, 무엇보다 핵심으로 보자면 몸으로 느낄 수 있습니다. 예수님과 예수님의 복음은 그저 사도들이 바깥으로부터 얻어 알게만 하는 데 그치지 않고, 사도들 안에 생생하게 살아 있습니다.

내가 중요하게 여기는 복음사가의 기록이 하나 더 있습니다. 거기서 이르기를, 예수님이 두 팔을 펼치시어 사도들을 축복하셨다 했습니다. 예수님의 마지막 모습은 그러니까 활짝 편 두 팔인 셈인데, 이는 축복의 몸짓입니다. 동방 그리스도교의 성상은 그 뿌리가 그리스도교 예술에서도 가장 오래된 발달단계에까지 이르는데, 거기서는 그리스도 승천을 전체의 실질적인 중심으로 삼았습니다. 그리스도 승천은 바로 축복의 몸짓입니다. 그리스도의 두 손은 우리를 덮어주는 지붕이 되고 그와 동시에 위를 향한 세상의 문을 여는 힘이 됩니다. 예수님은 축복하시면서 가셨지만, 또 그 반대로, 축복을 하시면서 머물러 계시기도 하십니다. 그때부터 세상에 대한, 그리고 우리들 저마다에 대한 예수님의 변함없는 관계 방식이 바로 이렇습니다. 예수님은 우리를 축복하시고 또 스스로 우리를 위한 축복이 되셨습니다. 바로 이 말이야말로 진정 이 사건의 핵심을 열 수 있으면서 또한 '기쁜 헤어짐'이라는 묘한 모순을 설명할 수 있지 않을까 싶습니다. 사도들이 경험한 사건은 축복이었기에 그들은 버림받은 이들로 그곳을 떠난 게 아니라 축복받은 이들로 떠났습니다. 사도들은 자기들이 영원토록 축복받은 이들이요 어디를 가든 축복하는 예수님의 두 팔 아래에 있다는 걸 알았습니다.

이렇게 보니, 성 루카의 기록이 예수님이 떠나시며 하신 말씀으로 요한이 전하는 기록에서 나오는 몇 마디와 아주 가까워집니다. 우선 기쁨이란 말이 요한의 기록에서 하는 역할이 무엇인지부터 눈에 띕니다. 물론 사도들은 먼저 슬픔의 경험부터 헤쳐 나와야만 합니다. 그렇지요, 상실감의 경험, 공동체 상실의 경험이 꼭 필요하답니다. 그래야만 기쁨에 이를 수 있기 때문이지요. 예수님은 이렇게 말씀하십니다. "나는 너희를 고아로 버려두지 않고 너희에게 다시 오겠다"(요한 14,18). 여기서 오신다는 저 말씀은 다름이 아니라 루카가 축복이란 말로 옮겨 쓴, 바로 저 가까운 사이에서의 새로운 경험을 가리킵니다. 왜냐하면 그와 다른 다음 말씀도 헤어지며 하신 저 말씀과 통하기 때문입니다. "내가 아버지께 청하면, 아버지께서는 다른 보호자를 너희에게 보내시어, 영원히 너희와 함께 있도록 하실 것이다"(요한 14,16). 동방교회의 신학은 다른 보호자를 청하는 주님의 기도를 그리스도께서 승천하신 날의 축복과 똑같이 다룹니다. 그러니까 축복하는 손이 청하는 손, 기도하는 손이기도 합니다. 늘 변함없이 그 손을 하느님 아버지 앞에 들어 올리고는 사도들이 다시는 버림받지 않도록, 언제나 안으로부터 사도들을 위로하는 이가 함께 있도록 해달라고 청합니다. 루카와 요한의 기록을 함께 놓고 읽으면, 이렇게 말해도 좋겠습니다. 사도들은 축복하며 기도하는 예수의 모습을 보는 바로 그 순간에 이제 "나는 너희를 고아로 버려두지 않고 너희에게 다시 오겠다."(요한 14,18)던 예수님 말씀이 진실된 말씀이라는 사실을 알았다고 말이죠. 이제 "내가 세상 끝 날까지 언제나 너희와 함께 있겠다."(마태 28,20)는 예수님 말씀이 의심의 여지가 없는 참된 말씀이란 걸 알았습니다. 그리스도께서 이젠 늘 축복으로 오시리란 걸, 말하자면 언제나 소금을 자기들과 함께 드시리란 걸, 제 아무리 힘든 어려움에도 자기들이 축복받은 이들이고 앞으로도 영원히 그리리란 걸 알았습니다.

동방교회의 전례 본문에서는 이 사건에 대하여 또 다른 관점을 뚜렷하게 보여줍니다. 거기에 이런 말이 나옵니다. "주님은 땅에 떨어진 아담의 모습을 도로 세워 올리고 우리에게 성령을 보내시어 우리 영혼을 깨끗하고 신성하게 하시려고 올라가셨습니다." 그리스도 승천에서 중요한 것은 '이 사람을 보라'(Ecce homo)*의 둘째 대목입니다. 빌라도는 몰려든 뭇사람에게 고초를 치르고 만신창이가 된 예수님을 가리키며, 욕보임을 당하고 짓밟힌 사람의 모습 일반을 다 싸잡았습니다.

---

* 빌라도가 가시 면류관을 쓴 예수를 가리켜 한 말(요한 19,5 참조)이며, 니체의 책 제목이기도 하다(역자 주).

"똑똑히 보아라. 이것이 사람이다." 그는 이렇게 말했습니다. 오늘날의 영화며 연극에서는 끊임없이 – 때로는 딱한 마음에, 그래도 업신여기는 마음일 때가 많고 또 마조히스트처럼 자기경멸에 재미를 붙여서 – 저 끔찍한 일의 모든 단계마다 보이는, 품위가 깎일 대로 깎인 사람의 모습을 보여 주곤 합니다. 이것이 바로 사람이라는 말을 끊임없이 되뇌는 셈이지요. 진화론은 그 전선을 더욱 후퇴시키면서, 찾아낸 것, 사람의 존재가 비롯하였다는 진흙을 우리 눈에 들이대며, 이것이 바로 인간이라고 주입시킵니다. 그렇습니다. 아담의 인상은 땅에 떨어지고 말았습니다. 더러움 속에 놓여서 더러움이 자꾸만 더해갑니다. 그러나 그리스도의 승천이 사도들에게, 우리에게 이렇게 말합니다. 빌라도가 하는 짓은 절반의 진리뿐이고 그보다도 못하다고 말입니다. 피와 상처로 얼룩진 머리*가 그리스도의 전부는 아니기 때문입니다. 그리스도는 온 세상을 다스리는 지배자이십니다. 그렇지만 그리스도의 지배는 이 지상의 짓밟기를 뜻하지 않고 하느님의 아름다움과 권세에 대해 이야기하는 영광을 이 세상에 되돌려준다는 뜻입니다. 그리스도께서는 땅에 떨어진 아담의 인상을 들어 올리셨습니다. 여러분은 그저 더러움이 아니요, 우주의 모든 차원을 뛰어넘어 하느님의 마음에까지 닿습니다. 그리스도의

---

* 본디 파울 게르하르트의 시였으며, 이 시를 바탕으로 바흐가 '마태 수난곡'을 만들었다(역자 주).

승천은 사람을 복권시켰습니다. 얻어맞아 쓰러지는 것을 낮추는 게 아니라 때려 쓰러뜨리는 걸 낮춥니다. 침을 맞은 이가 깎이는 게 아니라 침을 뱉는 이가 깎입니다. 비꼼 받는 이가 아니라 비꼬는 이가 욕보임을 당합니다. 사람을 높이는 건 오만이 아니라 겸손입니다. 사람을 위대하게 하는 건 자화자찬이 아니라 하느님과 함께함이며 사람에겐 그럴 능력이 있습니다.

그리스도 승천은 그러니까 사도들을 위한 광경이 아니라 사도들 스스로가 함께 들어가 참여한 과정입니다. '마음을 드높이'(Sursum corda)요, 우리 모두 함께 들어오라 부름을 받은, 위로 향한 나아감입니다. 그리스도께서 우리에게 말씀하시기를, 사람이 위를 향해 살 수 있고, 드높음에 다다를 능력이 있다고 합니다. 그보다 더하여, 그 드높음은 오로지 사람 존재의 기준에 맞춘 것이요, 하느님 자신의 높이입니다. 사람은 바로 이 높이에서 살 수 있고, 그리고 우리는 오로지 이 드높음으로부터 사람을 제대로 이해하게 됩니다. 사람의 모습이 세워져 높아졌지만, 그 모습을 바닥에 내팽개치거나 드높게 할 자유가 또 우리에게는 있습니다. 사람이 어디서 왔는지에 대해서만 묻는다면 사람을 제대로 이해하지 못합니다. 어디로 갈 수 있는지에 대해서까지 물을 때 비로소 사람을 이해하게 됩니다. 사람의 본질은 사람 본연의 높이에 의해 정말로 밝혀집니다. 또한 이 높이를 제대로 보고 받아들일 때에만 비로소 사람에 대해 반드시 가져야만 할 공경

이 자랍니다. 아무리 짓밟혀 낮아졌을 때에도 여전히 신성하게 지켜졌던 그 공경 말입니다. 오직 거기로부터 사람의 존재는 자신을, 그리고 또 다른 사람들을 정말로 사랑하는 법을 배울 수 있습니다. 그런 까닭에 비난은 사람에 대한 말로 아주 중요한 말이 될 수 없습니다. 물론 죄를 죄로 알아보고 사람의 바른 삶과 가려 나누려면 비난도 분명 필요하기는 합니다. 그렇지만 비난 하나만으로는 충분하지 못합니다. 따로 그것 하나만 있게 되면 부정이 되고 그 결과 그 자체가 사람을 업신여기는 또 하나의 방법이 됩니다.

그렇기 때문에 오늘날 때때로 말하는 것처럼 신앙이 인류의 파괴적인 기억이 퇴색되지 않도록 잘 지켜서 이 세상에 불의와 타협이 일어나지 않도록 해야만 한다는 주장도 옳지 않습니다. 그렇지만 신앙이 우리에게 가르치는 기억이 있으니, 그것은 바로 예수 그리스도의 십자가와 부활의 기억입니다. 하지만 이 기억은 파괴적이지 않습니다. 이 기억은 우리에게 아담의 인상이 땅에 떨어졌다는 사실을 생각하게 하고, 또 그처럼 땅에 떨어진 채로도 여전히 하느님이 사랑하신 피조물의 인상이었다는 걸 생각하게 합니다. 신앙은 우리의 망각을 가로막습니다. 그렇습니다. 신앙은 뒤얽혀 희미해진 기원에 대한 우리 고유의 기억을 우리 안에 다시 일깨웁니다. 우리가 하느님으로부터 생겨났다는 사실 말입니다. 그리고 신앙은 새로운 기억을 덧붙이는데, 바로 그리스도 승천 대축일에서 표현되는 것으로, 우리 삶의 본디 자리, 바른 자리가 하느님 자신이라는 사실이요, 또 바로 그 자리로부터 사람을 바라보아야만 한다는 사실입니다. 이런 뜻에서 신앙의 기억은 아주 긍정적인 기억입니다. 그러니까 사람의 긍정적인 기본 척도를 다시 펼쳐놓습니다. 또한 이를 알아차리는 일이야말로 사람을 부정에 대한 한낱 기억으로 과소평가하는 데 대한 효과 높은 보호막입니다. 사람에 대해 과소평가한 결과 사람에 대한 경멸만 남고 맙니다. 그런 인간파괴를 막는 가장 효과 큰 방법은 사람에 대한 모욕의 기억이 아니라 사람의 위대함에 대한 기억입니다. 그리스도의 승천은 저 위대함에 대한 기억을 우리 마음에 아로새깁니다. 그리하여 우리에게는 사람을 낮잡아 업신여기는 그릇된 도덕주의에 걸리지 않도록 하는 면역이 생깁니다. 그리스도 승천은 우리에게 공경을 가르치고, 사람으로 태어나 살아가는 기쁨을 돌려줍니다.

이 모든 걸 잘 생각해보고 나면 그리스도의 승천이 케케묵은 세계관을 규범화하는 일이라는 주장은 저절로 해결됩니다. 그리스도 승천에서 중심이 되는 것은 우주의 층들이 아니라 사람으로 사는 일의 척도입니다. 중요한 것은 하느님이요 사람이요, 사람 존재의 참된 높이이지, 별들의 자리가 아닙니다. 그렇지만 이렇게 살펴 아는 일이 그리스도교가 세상에 아랑곳하지 않고 생각한다거나 신앙을 그저 순전한 신조의 문제로만 만드는 쪽으로 빠져서는 안 됩니다. 신앙과 창조된 세상의 전체성 사이의 관계로 오로지 올바르면서도 뜻이 깊기만 한 관계도 있습니다. 다른 이야기지만, 옛날의 세계관도 이 전체성의 관계에 이르는 길잡이가 될 수 있습니다. 이에 대해서는 설명하기가 쉽지 않은 게, 세상을 기술 차원에서 다루기만 한 나머지 우리의 생각 능력이 변해버렸기 때문입니다. 어쩌면 그리스도 승천에 대한 동방교회의 고전적인 성상 유형을 한번 더 떠올리는 데에서 접근 방법을 얻어낼 수도 있을지 모르겠습니다. 동방교회 성상에서는 하늘과 땅을 갈라 나누는 실루엣에서 드러나는 올리브 나무 가지 몇 개로 올리브 산이 이 사건의 무대였다는 사실을 암시합니다. 이를 통해 우선은 겟세마니의 밤에 대한 기억이 되살아납니다. 그러니까 두려움의 자리가 확신의 자리가 되었던 기억이죠. 죽음과 업신여김의 드라마를 마음으로부터 이겨낸 바로 그 자리에서 사람의 쇄신이 이루어진다는 말입니다. 바로 그 자리에서 사람의 참된 상승이 이루어집니다. 그러나 올리브 나무의 잎사귀들 그 자체에도 이야깃거리가 있습니다. 이 잎사귀들이 창조의 자비로움을, 창조가 베푸는 선물의 풍요를, 창조와 사람을 창조주의 입장에서 이해하여 사람과 창조가 하나 되는 것을 표현하는 것입니다. 올리브 나무 잎사귀들은 평화의 상징입니다. 그래서 우주 차원의 전례를 나타내는 상징이 됩니다. 예수 그리스도의 이야기는 우주의 침묵 속 어딘가에 놓여 있는 보잘것없는 어느 행성에 사는 사람들 사이에 일어났던 일로 끝나지 않습니다. 그 이야기에는 하늘과 땅, 전체 현실이 다 담겨 있습니다. 전례를 드릴 때 우리는 서로 한눈에 잡히는 작은 공동체의 버팀목이 되는, 그런 일종의 집안사람들이 아닙니다. 그리스도교 전례는 그 규모가 우주의 차원입니다. 우리는 창조의 찬양 속에 조율되고 그와 동시에 창조에 목소리를 줍니다.

끝으로 또 한 가지 생각을 덧붙이고 싶은데, 이번에는 서방 교회 그림 전통에서 나온 것입니다. 여러분도 사도들의 머리 께에 구름에서 쑥 나온 예수님의 두 발이 보이는 값지고 소박한 그림들을 틀림없이 아시겠지요. 구름은 다시 바깥쪽에 어두운 테두리가 있고, 안쪽에는 타오르는 듯한 불빛이 보입니다. 이 그림에서 보이는 저 소박성에는 아주 깊은 뜻이 담겨 있을 듯합니다. 우리가 역사의 시간 속에 계신 그리스도에 대해서 아는 전부라고는 저 발과 구름뿐입니다. 예수님의 발 – 대체 이게 무엇일까요? 먼저 마태오 복음서에서 부활에 대해 전하는 말에 나오는 묘한 글이 떠오르는 듯한데, 여자들이 주님의 발을 부여잡고 경배하는 장면을 이야기하는 부분입니다. 부활한 이로서 예수님은 이 지상의 척도를 멀리 벗어나십니다. 우리는 오직 그분의 두 발만을 만질 수 있을 뿐이고, 그래서 경배하면서 그 발을 어루만집니다. 여기서 우리는 예수님의 자취를 따르고 기도하는 이로서 예수님의 발걸음에 가까이 다가선다는 생각을 할지도 모르겠습니다. 기도드리면서 우리는 예수님께로 다가가고, 기도드리면서 예수님을 만집니다. 비록 이 지상에서는 언제나 아래에서 우러르면서, 늘 멀리서, 늘 예수님이 지상에 남기신 자취에서만 그럴 뿐이지만 말입니다. 그와 함께 우리 눈길이 아래로만 향한다면, 우리가 오로지 발자국만 재고 신앙을 손에 잡히는 것 속에만 담으려고 한다면 그리스도의 발자취를 찾을 수 없다는 사실도 분명해집니다. 주님은 위를 향해 가시는 움직임이시고, 그렇기 때문에 우리 스스로도 움직이면서, 위를 우러르며 올라가면서 주님을 알아볼 수 있습니다. 그런데 교부들이 남긴 글을 읽다 보면 여기에 더하여 무언가 중요한 것이 있습니다. 그러니까 다른 사람을 대하면서 겸손한 자세로 깊이 발치까지, 발을 씻어주는 자세로까지 허리를 굽히는 법을 배울 때에 비로소 위로 오르는 일이 올바르단 사실이지요. 스스로 허리를 굽힐 줄 아는 이 겸손으로 사람은 위로 올라가게 됩니다. 그 자세가 바로 그리스도 승천이 우리에게 가르쳐주고자 하는 위로 오르는 움직임의 힘입니다.

구름의 모습도 이쪽 방향을 가리킵니다. 이 모습은 이스라엘이 황야를 헤맬 때 앞서 가던 그 구름을 떠올리게 합니다. 낮에는 구름이었고, 밤에는 불기둥이었습니다. '구름'도 마찬가지로 움직임의 상징이요, 우리가 붙잡을 수 없고 붙잡아 둘 수 없는 현실의 상징입니다. 우리가 따라갈 때에만 보탬이 되는 이정표의 상징이요, 늘 우리를 앞서 가시는 주님의 상징입니다. 구름은 감추어 가림이면서 동시에 눈앞에 드러냄입니다. 그러니까 주님이 우리를 앞서 가시고 주님이 몸을 가리시고 그러면서도 동시에 만질 수 있도록 해주시는 성사의 특징들을 나타내는 상징이 됩니다.

한번 더 처음으로 돌아가 보도록 하겠습니다. 그리스도의 승천에 사도들은 기뻐합니다. 사도들은 더 이상 홀로 남겨진 게 아니란 걸 알았습니다. 자신들이 축복받은 이란 걸 알았습니다. 교회는 부활절로부터 40일째 되는 날 저러한 앎을 우리 안에 새겨넣어 주고 싶어 합니다. 우리에게 그저 머리로만 아는 것으로 그치지 않고 가슴으로 알아서 사도들에게서 더 이상 앗아갈 수 없게 된 저 큰 기쁨이 우리에게도 넘어오게 하고 싶어 합니다. 가슴으로 알기 위해서는 만남이 필요한데, 그것은 바로 주님의 말씀에 마음의 귀를 기울이기요, 또 성서에서 함께 소금 먹기로 비유한 마음으로 친해지기입니다. 그리스도 승천 대축일의 잔치는 우리로 하여금 이렇게 마음을 열게 합니다. 그렇게 될수록 겉보기로는 헤어짐 같은데 실제로는 새로운 사이, 가까움의 시작인 저 날에 피어오르는 기쁨도 그만큼 더 커집니다.

성령과 교회

교회에서 성령에 대해 이야기하는 일이 너무 적다는 푸념을 자주 들을 수 있습니다. 심지어는 이 푸념 소리가 높아지면서 교회 안에서 그리스도에 대한 이야기와 성령에 대한 이야기 사이에 균형을 맞춰야만 한다는 의견이 되기도 합니다. 그리스도에 대한 이야기 하나에 성령에 대한 이야기도 하나 꼴로 맞춰야 한다는 말이지요. 하지만 그런 요구를 하는 사람은 그리스도도 성령도 삼위일체의 하느님에 속한다는 사실을 잊고 있습니다. 삼위일체의 셋을 대칭의 병렬관계로 이해해서는 안 된다는 사실을 잊은 거지요. 그게 만일 대칭의 병렬이라면 우리는 세 가지 신성을 믿어야 할 테고, 그렇게 한다면 세 가지 위격에 담긴 오직 한 분의 하느님에 대한 그리스도교의 신앙고백이 뜻하는 바를 완전히 잘못 생각하고 마는 꼴이 됩니다. 이 점에서는 동방교회의 전례에서 값진 가르침을 얼마든지 얻을 수 있습니다. 동방교회에서는 성령 강림 대축일에 더없이 거룩한 삼위일체 잔치를 벌이고,

월요일에는 성령 충만과 그다음 일요일에는 모든 성인 대축일을 지냅니다. 이와 같은 전례의 얼개는 서로 따로 떼어놓을 수 없게끔 함께 짜여 있으면서 우리에게 신앙의 안쪽 논리를 웬만큼 보여줍니다. 성령은 따로 떨어진 게 아니요, 따로 떼어놓을 수도 없습니다. 성령의 본질이라면, 성령이 우리에게 삼위일체 하느님의 단일성을 가르쳐 보여준다는 점입니다. 우리는 구원의 역사를 성탄절에서부터 부활절까지 죽 살펴보았습니다만, 이 역사에서 아버지와 아들이 서로 마주 선 관계로, 그러니까 파견하는 이와 순종하는 이로 보인다고 할 때, 성령이 다시 그 옆이나 그 사이에 서는 제3의 존재가 아닙니다. 성령은 하느님의 하나이심(단일성)으로 우리를 이끕니다. 성령을 우러러본다는 것은 그저 마주 섬의 관계를 이겨내고 지극한 통일성인 영원한 사랑의 고리를 인식한다는 뜻입니다. 성령에 대해 이야기하려면 하느님의 삼위일체에 대해 이야기해야만 합니다. 성령의 가르침이 어떤 면에서 일방적인 그리스도 중심에 대한 교정이 되어야만 한다면, 그 교정은 오로지 삼위일체 하느님의 신비 속에서만 그리스도를 보아야 한다는 걸, 언제나 그리스도와 함께 나누는 사랑의 대화 속에서 하느님 아버지께 이르는 우리의 길로 그리스도를 보아야 한다는 걸, 성령이 우리에게 가르친다는 점에 있습니다.

성령은 삼위일체를 가리키고, 바로 그럼으로써 우리를 가리킵니다. 왜냐하면 삼위일체의 하느님은 새로운, 하나가 된 인류의 원래 모습이기 때문이고, 교회의 원래 모습이기 때문입니다. 예수님의 다음 기도는 이 교회를 세우시는 말씀으로 보아도 좋습니다. "이들도 우리처럼 하나가 되게 해 주십시오"(요한 17,11). 삼위일체야말로 교회의 척도요 바탕입니다. 창조의 날에 "우리와 비슷하게 우리 모습으로 사람을 만들자."(창세 1,26)던 말씀을 이 삼위일체로 이루도록 하셨습니다. 하느님의 모습과 반대가 되는 분열된 모습의 인류는 삼위일체 안에서 다시 하나로 합쳐진 아담이 되어야 합니다. 아담의 모습은 - 교부들의 말처럼 - 죄로 말미암아 산산조각이 나서 사방에 널브러져 있는 형편입니다. 사람의 본이 된 거룩한 척도가 삼위일체 속에서 다시 모습을 나타내어, '우리처럼 하나가 되는' 그 하나 됨의 모습을 보여야 합니다. 그러니까 하느님 자신인 삼위일체가 교회의 본디 모습입니다. 교회는 무언가 또 다른 생각을 사람에 더하는 게 아니라, 사람이 본디 저 자신으로 돌아가는 길입니다. 그런데 성령이 하느님의 하나 됨을 표현하고 바로 그 하나이신 하느님이라면, 교회의 생명을 이루는 근본 요소이신 것으로, 이 요소이신 성령 안에서 대립은 조화가 되고, 아담의 조각난 조각들이 다시 하나로 합쳐집니다.

그렇기 때문에 전례로 성령을 나타낼 때 삼위일체 잔치로 시작합니다. 이런 잔치는 우리에게 성령이 무엇인지 말해줍니다. 성령이 그러니까 홀로 따로 세울 수 있는 것이 아니라, 하느님이 사랑 속에서 오로지 하나요, 오로지 한 분뿐이시며, 사랑으로서 대립이면서 맞바꿈이고 또 동시에 함께 가 되는 신비라는 사실 말입니다. 이 삼위일체로부터 성령은 또 하느님이 우리에 대해 가지신 생각이 바로 하느님의 모습을 본 딴 합일이란 걸 말해줍니다. 다른 한편으로 우리 사람들이 더 높은 차원의 합일에서, 마치 제3자 안에 있는 것처럼 될 때에만 서로 하나가 될 수 있다는 사실도 말해줍니다. 그러니까 우리가 하느님과 하나 될 때에만 우리 서로 하나가 된다는 말이지요. 다른 사람에 이르는 길은 하느님께로 가는 길입니다. 우리가 하나 되는 걸 매개하는 이런 길이 없다면, 우리는 영원히 나락으로 서로 갈린 채고, 그 나락은 제아무리 좋은 뜻으로도 건널 수 없습니다.

사람으로 태어나 사는 일의 참된 뜻을 생생하게 경험한 사람이라면 누구나 여기서 이야기하는 게 그저 신학 이론일 뿐이 아니란 사실을 알아차리게 됩니다. 다른 사람과 끝내 오갈 수 없음, 서로에게 스스로를 내주고 늘 변함없이 이해하는 일의 불가능함이 오늘날의 이 세기처럼 그렇게 연극처럼 심하게 와 닿은 적도 드물지 않을까 싶습니다. "삶이란 외로운 것, 아무도 다른 사람을 이해하지 못하고, 저마다 다 혼자라네." 헤르만 헤세(Hermann Hesse, 1877-1962)가 표현한 말입니다. 다른 사람과 이야기할 때면 마치 우리 사이에 희뿌연 유리벽이 가로놓여 있기라도 한 듯합니다. 그래서 우리는 서로를 바라보되 정작 서로를 보지 못하고, 서로 가까이 있되 정작 가까이 다가갈 수 없습니다. 알베르 카뮈(Albert Camus,

1913-1960)가 똑같은 걸 다르게 표현한 말입니다.

성령 강림 대축일, 그러니까 삼위일체의 신비가 우리 사람의 세계에 함께 있는 것은 저와 같은 경험에 대한 대답입니다. 우리가 어떻게 해야 서로 다가갈 수 있는가? 어떻게 하면 내가 나 자신으로 남고, 다른 사람의 다른 점을 존중하면서도 또 고독의 창살을 벗어나 마음으로 다른 사람과 만날 수 있는가? 하는 사람의 근본 물음들과 관계되는 게 바로 성령입니다. 아시아의 종교들은 이런 물음에 열반(니르바나)이란 말로 대답하였습니다. 그러니까 나라고 하는 주체가 버티고 있는 한 그럴 수 없다는 말이지요. 나라는 주체 그 자체가 감옥입니다. 나는 나라는 주체를 풀어 없애야만 하고, 나만의 개성을 감옥으로, 구원받지 못한(해탈하지 못한) 자리로 버려야만 하며, 참된 모두인 없음(無) 속에 나를 버려야만 합니다. 구원은 해탈, 곧 벗어남이요, 그것은 노력하여 이루어내야만 합니다. 없음으로 돌아가기, 나를 버려 없애는 것이 참되고 궁극적인 해방입니다. 나라는 짐과 너라는 짐에 날이면 날마다 시달리는 사람이라면 저런 프로그램이 주는 황홀한 멋을 이해할 수 있습니다. 그렇지만 정말로 없음이 있음보다 좋고, 사람됨의 해체가 참 사람의 이룸보다 나을까요?

단순한 행동주의는 저와 같은 신비주의에 바탕을 둔 도망에 대한 대답이 되지 못합니다. 오히려 그 반대입니다. 그런 행동주의야말로 저런 도망을 불러일으킨다는 말입니다. 왜냐하면 그런 단순한 행동주의가 만들어내는 온갖 새로운 장치들도 나와 네가 화해하지 못하는 한 한낱 새로운 감옥이 되고 말뿐이기 때문입니다. 그런데 사람이 제 스스로와 화해하지 못하는 한 나와 너 또한 서로 화해할 수가 없습니다. 그러니 언제나 사랑에 목마르고 애타게 사랑을 찾아대며, 사랑을 찾아, 너를 찾아 외치는 이 '나'가 또 저 '너'로 말미암아 상처입고, 위협당하고, 속박당한다고 느낀다는 사실을 저와 같은 행동주의가 어떻게 받아들일 수 있겠습니까? 한편 아시아 종교들 말고도 집단 역동성이라는 현대의 기술, 사람이 제 스스로와, 그리고 너와 화해하는 기술이 있는데, 제법 머리를 쓴 기술이기는 하지만 아시아 종교의 저 위대한 뜻에 비하면 보잘것없는 차선의 해결일 뿐입니다. 나와 네가 마치 아주 약하고 작은 불꽃에 놓인 채 되도록 서로 느끼지 않고 또 되도록 서로 부딪쳐 부대끼지 않도록 규칙에 익숙해야 한다는 꼴이니까요. 나와 너의 신성한 정열은 그저 몇 가지 본능으로 축소되고, 사람이란 존재는 사용방법을 제대로 알아야만 하는 기계로 취급됩니다. 사람 그 자체를 부정하고 또 마음대로 짜 맞출 수 있는 시스템, 그 움직임의 과정을 마음대로 다루는 걸 배울 수 있는, 그런 시스템으로 취급하면서 사람의 존재 문제를 해결하려고 하지요.

그러면 여러분은 이렇게 물으실지 모르겠습니다. 저 모든 게 성령이며 교회와 무슨 상관이냐고? 그 대답은 이렇습니다. 열반에 대한 그리스도교의 대안이 이 삼위일체라고, 저 궁극의 합일 속에서 너와 나의 맞섬이 수그러드는 게 아니라 성령 속에서 서로 맞춰 끼워가는 것이라고 말이죠. 하느님 안에는 여러 위격들이 있고, 바로 그런 까닭에 하느님은 궁극의 합일이 실현된 존재입니다. 하느님이 인격을 만드신 것은, 도로 해체시켜 없애기 위해서가 아니라 스스로를 열어 온전한 높이와 지극한 깊이로 들어가라고, 그러면 거기서 성령이 맞아 감싸서 갈려 나뉜 인격들의 통합을 이루게 하기 위함입니다. 그런데 들리기에 무척 이론에 치우친 것처럼 보일지 모르겠습니다. 하지만 우리는 그 안에 담겨 있는 인생 프로그램에 한 걸음, 한 걸음 다가가도록 해야 하겠습니다.

동방교회에서 이루어지는 전례 잔치의 과정을 한번 더 떠올리면서 이 길을 밟아 가보도록 하십시다. 동방교회에서는 성령 강림 대축일 다음 주일인 삼위일체 대축일이 지나고 나면 바로 월요일에 성령 충만(Geistausgießung), 곧 교회의 설립 축일을 지냅니다. 그리고 그다음에 맞는 주일에는 모든 성인 대축일을 지낸다고 앞서 말했습니다. 모든 성인들의 공동체, 그것은 바로 삼위일체의 본보기에 따라 하나를 이룬 인류의 모습입니다. 미래의 도시이면서 또 이미 지금부터 생겨나고 있는, 그런 도시이고, 우리 인생으로 세우려고 하는 도시입니다. 교회의 이상적인 모습이면서, 이른바 지상의 교회가 처해 있는 주일, 예루살렘 언저리의 최후의 만찬 자리에서 시작되었던 주일의 끝입니다. 지금의 교회는 처음 시작할 때의 이 교회와 벌써부터 계속 깨어 자라고 있는 끝의 교회 사이에 펼쳐져 있습니다. 동방교회의 미술 전통에서 처음의 교회, 곧 성령 강림 대축일의 교회는 바로 성령의 성상입니다. 성령이 교회 안에서 눈에 보이고 표현될 수 있게 되었습니다. 그리스도가 하느님 아버지의 성상, 하느님의 모습이면서 동시에 사람의 모습이라면, 교회는 성령의 모습입니다. 여기에서부터 우리는 교회의 가장 깊은 본질이 무엇인지를 이해할 수 있습니다. 그것은 바로 나와 너의 경계를 극복한 것이요, 사람이 스스로를 이겨내어 본질, 곧 영원한 사랑으로 들어감으로써 서로 하나가 됨입니다. 교회는 인류가 삼위일체의 하느님 삶의 방식에 함께 안겨 들어감입니다. 그렇기에 교회는 집단, 서로 친한 동아리 차원이 아닙니다. 그렇기에 교회는 한 나라의 교회일 수 없고 또 한 인종 또는 한 계급과 동일시할 수 없습니다. 사정이 그렇다면 교회는 가톨릭, 곧 보편이어야 하며, 요한복음 11장 52절에서 표현되었듯이, '흩어져 있는 하느님의 자녀들을 하나로 모아'야 합니다.

아시아 종교들의 영적 과정을 표현하는 해탈(벗어남)이란 말은 그리스도교의 이 길을 나타내기에는 그다지 어울리지 않을 듯싶습니다. 그렇지만 죽은 밀알에서 – 스스로를 열며 – 결실을 맺기 위해 일어나기 마련인 스스로를 터뜨려 여는 일이 그리스도교인으로 사는 일에 포함된다는 것은 옳습니다. 그리스도교인이 되는 일은 하나로 합쳐지는 일입니다. 산산이 깨진 아담 모습의 조각들을 꿰어 맞추어야만 한다는 말입니다. 그리스도인으로 사는 일은 자기 확인이 아니라 스스로를 열어젖혀 모든 시대 모든 곳의 온 인류를 다 아우르는 위대한 합일에 드는 일입니다. 끝없는 희구의 불꽃을 꺼트리는 게 아니라 곧추세워서 성령의 불과 하나가 되게 합니다. 그래서 교회는 한 단체로 시작하지 않고 보편으로 시작합니다. 교회는 첫날 모든 언어, 이 세상 전체의 언어로 말합니다. 교회는 먼저 보편의 모습을 띠고 난 뒤에 지역 교회를 만들어내었습니다. 보편 교회는 지역 교회들이 합쳐진 연합체가 아니라 지역 교회들의 어머니입니다. 전체 교회가 부분 교회들을 낳았고, 이 지역 교회들은 끊임없이 그 지역적, 부분적 성격을 해소하고 전체로 넘어갈 때에만 비로소 교회로 남을 수 있습니다. 오로지 그렇게 할 때에만, 전체를 기준으로 삼을 때에만, 교회는 이 통합을 이루는 힘인 성령의 성상이 됩니다.

그렇지만 우리가 성령의 성상으로서 교회에 대해 말하고, 하나 됨의 정신의 성상으로서 성령에 대해 말할 때 성령 강림 이야기에서 눈에 띄는 특징을 빠트리는 일은 없어야 합니다. 그 특징이 되는 이야기는 이렇습니다. "불꽃 모양의 혀들이 나타나 갈라지면서 각 사람 위에 내려앉았다"(사도 2,3). 성령은 사람들 저마다에게 직접, 그리고 저마다의 방법으로 나타납니다. 그리스도께서는 우리 모두를 하나로 묶는 사람의 타고난 모습을 받아들이셨고, 그런 모습을 통해 그리스도께서 우리 모두를 하나로 묶으십니다. 그러나 성령은 사람들 저마다의 방식으로 다가갑니다. 그리스도는 성령을 통해 우리들 저마다에게 어울리는 대답이 되십니다. 사람의 하나 됨을 위해 교회가 일해야 하는데, 그 일은 사람다움을 지워 없앰으로써 이루어지지 않고 사람다움의 무한한 가능성을 뜻하는, 사람다움의 완성을 통해 이루어집니다. 그렇기 때문에 교회의 규약에는 한편으로는 보편성의 원칙이 포함됩니다. 아무도 스스로의 의지와 스스로의 천재성으로 행동하지 않는다는 뜻입니다. 누구나 다 교회라는 새로운 우리의 공동체를 바탕으로 행동하고 말하고 생각해야만 합니다. 이 새로운 우리는 삼위일체이신 하느님의 우리라는 말로 바꿀 수 있습니다.

그런데 다른 한편으로 바로 그렇기 때문에 아무도 그저 한 집단의 대표자로 또 집단 체제의 대표로 행동하는 게 아니라 저마다 신앙 속에 열리고 정화된 양심에 대한 저마다의 책임감 속에 행동하는 일이 중요합니다. 교회 안에서 제멋대로 하는 마음과 이기주의를 제쳐버리는 일은 집단의 크기에 따른 배분이며 다수의 압력이 아니라 신앙에 의해 만들어지는 양심을 통해 이루어져야 하며, 제 자신의 양심이 아니라 신앙 속에서 다 함께 맞아들인 양심으로부터 길어 올려야 합니다. 주님은 떠나시면서 하신 말씀에서 성령의 본질을 이렇게 묘사하셨습니다. "너희를 모든 진리 안으로 이끌어 주실 것이다. 그분께서는 스스로 이야기하지 않으시고 들으시는 것만 이야기하시며, 또 앞으로 올 일들을 너희에게 알려 주실 것이다"(요한 16,13). 여기서 성령이 교회의 성상이 됩니다. 성령에 대한 이러한 묘사를 통해 주님은 교회가 무엇이며, 본디 모습대로 살려면 어떻게 살아야 하는지를 밝히셨습니다.

그리스도교에 맞게 이야기하고 행동하는 일은 바로 이런 식으로, 그러니까 결코 제가 알아서 하지 않는 식으로 이루어집니다. 그리스도교인이 된다는 것은 전체 교회를 제 안에 받아들이거나 아니면 더 나아가 마음으로부터 스스로 교회 안에 온전히 받아들여지는 걸 뜻합니다. 이야기하고 생각하고 행동할 때, 그리스도교인인 나는 언제나 전체 속에서 하고 또 전체를 기준으로 합니다. 그렇게 함으로써 성령이 말하고, 그렇게 함으로써 사람들이 서로 다가갑니다. 사람들이 먼저 안으로부터 서로 다가갈 때에만 비로소 제대로, 저절로 가까이 다가가게 됩니다. 마음으로부터 나 스스로를 넓히고, 열고, 키울 때, 함께 믿고 함께 사랑하는 자세로 다른 사람을 내 안에 받아들일 때, 나는 비로소 더 이상 혼자가 아니고, 내 전체 존재에 이 함께함이 아로새겨집니다.

저와 같이 들은 걸 말하기, 받아들인 걸 말하고 제 이름으로 말하지 않기가 언뜻 보기에는 저마다의 천재성에 걸림돌이 되는 듯이 보일지도 모릅니다. 저 천재성이란 게 오로지 개인의 드날림, 일종의 신성에까지 뻗어 닿으려는 드날림일 뿐이라면, 분명 걸림돌이 되고도 남습니다. 그렇지만 이렇게 생각하는 방법이 진리에 대한 깨달음과 진보를 가로막는 일은 결코 없습니다. 성령은 스스로 바로 그렇게 행동하는 걸 통해 예수님이 아직 다 이야기하지 않으신 전체 진리 속으로 이끌어가며, 바로 그런 식으로 앞날의 일마저 알려줍니다. 나를 닫아건다고 새로운 깨달음을 얻는 게 아닙니다. 우리보다 앞서 깨달은 것들을 가지고 함께 생각할 때에만 비로소 진리가 열립니다. 한 사람의 위대함은 그의 참여 능력 정도에 달려 있습니다. 오직 스스로 작아질 때, 스스로 전체에 참여할 때에만 위대해집니다.

바오로 사도는 자신의 회개와 세례를 다음의 말로 그리면서 이를 아주 훌륭하게 표현하였습니다. "내가 사는 것이 아니라 그리스도께서 내 안에 사시는 것입니다"(갈라 2,20). 그리스도교 신자로 사는 일은, 그 본질로 보아 회개요, 그리스도교의 뜻으로 회개란 몇 가지 생각을 바꾸는 일이 아니라 죽는 일과 같습니다. 그러니까 나의 온갖 경계들이 무너집니다. 나아가 스스로를 잃고 새롭게 더 큰 주체 속에서 스스로를 찾습니다. 하늘과 땅, 지난날과 지금과 앞날을 아우르고 거기서 진리를 찾아 진리에 다다릅니다. '나이면서도 또 더 이상 내가 아니다'란 열반에 대한 그리스도교의 대안입니다. 이런 식으로 이야기할 수도 있겠습니다. 성령이 그 대안이라고. 성령은 스스로를 열고 우리가 그리스도의 몸 또는 교회라 부르는 저 새로운 주체 속에 녹아들어 가는 힘입니다. 그런데 여기서 이렇게 서로 다가가는 일이 결코 쉽지가 않다는 사실도 드러납니다. 회개의 용기, 밀알처럼 스스로를 깨뜨리는 용기 없이는 이루어지지 않는 일입니다. 성령은 불입니다. 타려고 하지 않는 사람은 가까이 다가서지 말아야 합니다. 그러나 그렇게 멀리하고 나면 닫힌 나의 죽음과도 같은 외로움 속으로 잠기게 된다는 사실, 불을 에둘러 피해 지나치면서 시도한 공동체란 것들이 끝내는 모두 장난이요 알맹이 없는 허상일 뿐이란 사실을 아프게 깨달을 수밖에 없습니다. 성서학자 오리게네스(Oregenes Adamantius, 185-254, Origenes, 오리겐이라고도 함)의 글에 성서에 담기지 않은 예수님 말씀이 기록되어 전해지는 말이 있습니다. "내 가까이 있는 사람은 불 가까이 있음이다." 그야말로 그리스도와 성령과 교회의 관계를 비길 데 없이 독특하게 나타내는 말씀입니다.

끝으로 같은 맥락에 있는 성 요한 크리소스토모의 말로 마무리를 지을까 합니다. 사도행전에서 바오로와 바르나바(Barnabas)가 리스트라에서 마비 증세가 있는 불구자(성서에서는 앉은뱅이)를 치유하는 이야기입니다. 흥분한 사람들 무리가 그와 같은 권세를 가진 그 별난 두 남자를 보며 제우스와 헤르메스 신이 찾아온 것이라 믿어서 사제들을 불러 황소를 제물로 바치려고 합니다. 두 사람은 당황하여 사람들 무리에 대고 이렇게 소리칩니다. 우리도 여러분과 마찬가지로 아픔을 견딜 줄 아는 사람으로, 여러분께 복음을 전하러 왔다고 말입니다(사도 14,8-18 참조). 이에 대해 크리소스토모는 이렇게 말합니다. "그렇다. 그들은 다른 사람들과 같은 사람이지만, 그러면서도 또 그들과 다르니, 타고난 사람의 모습에 불의 혀가 더해졌기 때문이다." 이것이 바로 사람을 그리스도 교인으로 만듭니다. 그러니까 사람의 타고난 자연 모습에 불의 혀를 보태는 것 말입니다. 교회가 그렇게 생겼습니다. 사람들 저마다에게 직접 불의 혀를 준 것입니다. 그래서 저마다 유일무이하면서도 되풀이될 수 없는 방법으로 그리스도교인이 됩니다. 저마다 '그 나름의 성령'이 있고, 불의 혀가 있어서, 전례 인사에서 다른 사람의 이 성령과 이렇게 관계합니다. "또한 사제의 영과 함께!"(Et cum spiritu tuo) 성령이 저마다의 정신이 되고, 불의 혀가 되었습니다. 그러나 성령은 또하나이기 때문에 우리는 이 하나인 성령을 통해 서로에게 말을 걸고, 서로 함께 하나뿐인 교회를 이룩합니다.

사람의 존재에 불의 혀를 보탠다. 이제 이 표현을 바로잡도록 해야만 하겠습니다. 불이란 게 그저 다른 사람에게 다가오고, 그런 다음에 그 곁에 그대로 남아 있는, 그런 것이 결코 아닙니다. 불은 타오르며 변합니다. 신앙은 우리를 태워 녹여서 점점 더 나이면서도 또 내가 아니게 되어갈 수 있게 만드는 불의 혀입니다. 물론 오늘날의 어중간한 그리스도교인을 만난다면, 이런 물음이 나오겠지요. 불의 혀가 어디 있단 말인가? 그리스도교인들의 혀에서 나오는 것이 안타깝지만 불과는 전혀 다른 것일 때가 많습니다. 오히려 김빠지고, 따뜻하지도 차갑지도 않고 겨우 미적지근한 정도의 물맛에 가깝습니다. 우리는 우리 스스로는 물론이고 다른 사람도 태우려 하지 않고, 그런 식으로 성령을 멀리하고 그리스도교 신앙은 땅에 떨어져, 되도록 편안함을 다치지 않고 저항의 날카로움은 우리 생활습관에 거의 아무 방해가 되지 않는 곳에만 두려는, 우리 스스로 만들어낸 세계관으로 주저앉아버렸습니다. 우리가 성령의 타오르는 불을 피해 멀리하면 그리스도교인으로 사는 일이 물론 편안해 보이겠지만, 그것은 그저 얼핏 보기에만 그럴 뿐입니다. 우리가 스스로를 더 이상 하느님의 불에 내맡기지 않는다면 서로가 맞닿는 마찰이 견딜 수 없는 게 되고, 바실리오(Basilius)의 표현처럼 교회는 온갖 당파들의 아우성으로 분열되고 맙니다. 오직 우리가 불의 혀를 두려워하지 않고, 저 불의 혀와 함께 오는 폭풍을 두려워하지 않을 때에만, 교회는 성령의 성상이 됩니다. 사도들이 한마음으로 최후의 만찬 자리에 모여 기도했을 때 교회가 시작되었습니다. 교회는 늘 그런 식으로 시작합니다. 성령에 대한 기도 속에서 우리는 날마다 교회를 새로 불러내야만 합니다.

로마 시내 산 클레멘테의 반원형 벽감(apsis)의 모자이크

줄기둥에 둘러싸인 공간이며 한가운데에 자리 잡은 분수가 고대 로마풍 저택의 안뜰을 떠올리게 하는 안마당 쪽에서 로마의 유서 깊은 성 클레멘스 성당으로 들어가자마자 곧바로 눈길을 사로잡는 벽감 모자이크는 금빛 배경에 빛나는 색으로 되어 있습니다. 이윽고 우리 눈길은 그 한가운데에 있는 십자가 그림에 가 닿습니다. 바로 그리스도께서 고개를 숙이시고 당신의 영혼을 하느님 아버지 두 손에 건네 드리는 장면입니다. 그리스도의 얼굴이며 전체 모습에서 위대한 평화의 기운이 뻗쳐 나옵니다. 십자가에 달려 돌아가신 분을 그려놓은 이 그림에 걸맞은 제목을 찾으려고 한다면, 아마도 곧바로 화해, 평화와 같은 말들이 떠오르지 않을까 싶습니다. 아픔을 이겨냈습니다. 노여움, 쓰라림, 비난 같은 기운들은 조금만치도 그림에 비치지 않습니다. 사랑이 죽음보다 더 강하다는 성서의 말씀의 진면목을 여기서 볼 수 있답니다. 우리가 여기서 보는 그림의 참모습은 죽음이 아닙니다. 우리가 보는 것은 죽음을 통해서도 사라지지 않고 오히려 죽음으로 비로소 제대로 도드라져 나타나는 사랑이거든요. 지상의 삶은 스러지지만, 사랑은 남습니다. 이처럼 이 십자가의 장면에는 이미 부활의 모습이 엿보입니다.

이 모자이크 앞에서 좀 더 머물다 보면 이 십자가가 사실은 나무라는 걸 알게 됩니다. 그 나무 아래에서는 네 개 생명의 샘물이 솟아나고, 그 물로 사슴들이 목을 축입니다. 천국의 네 강줄기에 대한 생각이 떠오르고, 시편의 다음 말이 생각납니다. "암사슴이 시냇물을 그리워하듯 하느님, 제 영혼이 당신을 이토록 그리워합니다"(시편 42,2). 생명의 물에서 자라난 이 나무에는 열매도 많이 맺힙니다. 이제 그림 폭을 온통 가득 채우고 있는 무성한 덩굴무늬가 그저 장식으로 그려 넣은 게 아니라는 사실을 알게 됩니다. 그것은 다름 아닌 십자가 나무의 뿌리와 가지들로부터 뻗어 나온 커다란 포도나무랍니다. 이 가지와 뿌리들은 커다랗게 맴돌며 온 세상에 뻗어 가 세상을 통째로 제 품에 맞아들입니다. 세상이 그대로 하나뿐인 커다란 포도밭이 되는 거지요. 포도나무 덩굴들 사이에서 그리고 가지들의 굽이 속에서 충만한 역사의 생명이 용솟음칩니다. 상상력과 삶의 기쁨이 넘치는 이 그림에 목자들과 농부들과 승려들과 동물들과 온갖 종류의 사람들이 하는 일이 모두 다 그려져 있음을 보게 됩니다.

그런데 그게 다가 아닙니다. 십자가가 옆으로만 커가는 게 아니랍니다. 거기에는 그에 맞는 높이와 깊이가 있거든요.

앞서 이미 보았듯이 저 아래 땅밑으로 뻗어 가 물을 빨아들이고 꽃을 피웁니다. 이제 저 높이로 주의를 돌려야 하겠습니다. 위에서, 그러니까 하느님의 신비로부터 하느님 아버지의 손이 아래로 뻗어옵니다. 그러면서 그림에 움직임이 생깁니다. 하느님의 거룩한 손이 한편으로는 세상에 생명과 화해를 가져다주기 위해 영원의 높이로부터 십자가를 선물로 내려주십니다. 하지만 다른 한편으로는 그와 동시에 또 위로 끌어올리기도 하십니다. 하느님의 자비가 내려와서 모든 가지들과 함께 나무를 통째로 아드님의 승천 길에, 위로 이끄는 하느님 사랑의 힘에 실어 끌어올리십니다. 이 세상이 십자가로 인해서 위로, 하느님 약속의 드넓고 활짝 펴진 곳으로 움직입니다. 십자가가 새로운 힘을 만들어낸 거지요. 늘 똑같은 것을 에워싸고 영원히 헛되이 돌기만 하는 맴돌이, 영원한 되풀이를 하며 이로울 것 하나 없던 맴돌이 운동이 트이며 방향을 바꿉니다. 위를 향해 오르는 십자가는 온 세상을 하느님 계신 높이로 끌어올리는 데 쓰시는 낚싯바늘과도 같습니다. 이제 역사의 방향, 인생의 방향이 더 이상 맴돌이가 아니라 위를 향한 오름입니다. 나갈 방향이 생긴 거지요. 그리스도와 더불어 올라가 하느님의 손으로 다가갑니다.

그런데 이제는 이런 물음을 던져보아야만 합니다. '이 모든 게 정말 사실일까? 아니면 결코 실현될 리 없는, 사람이 헛된 역사의 덧없음에 대해 스스로를 달래느라고 지어낸 일종의 유토피아가 아닐까? 커다란 생명의 낙원이 되는, 화해된

세상이 정말 있는 걸까?' 이에 대한 대답을 찾는 데 보탬이
될 수 있는 생각이 두 가지 있습니다. 저 그림을 그린 화가가
까닭도 없이 세상 모습을 십자가로부터 자라난 하느님의 포
도밭으로 그린 게 아니랍니다. 그는 그리스도의 다음 말씀을
생각했습니다. "나는 포도나무요 너희는 가지다"(요한 15,5).
포도나무인 십자가는 모자이크로부터 우리 눈길을 아래쪽으
로 이끌어, 지상의 열매가 늘 새롭게 예수 그리스도의 사랑
의 포도주로 바뀌는 제단을 가리킵니다. 미사성제 중 그리스
도의 포도나무가 세상천지로 뻗어 자랍니다. 여러분이 온 세
계에 걸쳐 벌이는 미사성제 속에서 하느님의 포도나무가 지
상에서 고유한 작용을 하며 지상의 삶을 그리스도와의 공동
체 속으로 끌어들입니다. 이 그림은 이렇게 현실에 이르는
길까지 함께 보여줍니다. 이 그림은 우리더러 하느님의 포
도나무로 들어오라고 말하고 있습니다. 네 생명을 늘 새롭게
십자가로부터 자라나는 성스런 나무에 주라고, 스스로 그 나
무의 가지가 되라고, 네 삶을 그리스도로부터 오는 화해 속
에 남아 있게 하라고, 그리고 그리스도에게 맡겨 위로 오르
라고 말입니다.

　산 클레멘테의 벽감 모자이크가 만들어지던 때만 해도 아
직 그리스도의 성체 성혈 대축일이 없었답니다. 그런데도 이
날의 의미가 이토록 멋지게 표현되었지요. 미사성제가 이 세
상을 감싸서 변화시키는 모습을 그려냈으니 말입니다. 미사
성제는 그저 교회 영역 안에만 속하고 바깥으로는 문을 닫아

건, 그런 공동체의 전유물이 아닙니다. 이 세상은 성체성사를 닮아가 하느님의 포도나무 안에서 살아야만 합니다. 그런데 그리스도의 성체 성혈 대축일에는 이 성체 성혈의 축제를 우주 차원에서 벌인다는 뜻이 담겨 있습니다. 성체 성혈을 우리 길거리며 큰 터 위에 상징 차원에서 전파하여 세상이 새 포도나무의 열매로부터, 예수 그리스도의 십자가라는 생명의 나무를 통해 건강해지고 화해를 얻게 한다는 뜻이지요. 이런 뜻에서 우리는 이날의 이 축제를 벌입니다. 이 성체 거동(성체행렬)은 살아계신 하느님을 향한 큰 외침 소리와 같습니다. 그러니까 이렇게 말이지요. "하느님의 약속들이 이루어지도록 하소서. 주님의 포도나무가 이 세상을 에워싸고 자라게 하시고 우리 모두를 위한 화해된 삶의 영역이 되게 하소서. 이 세상의 온갖 독을 주님의 생명수로, 주님 사랑의 포도주로 없애주소서. 당신이 지으신 이 세상이 사람들의 증오와 오만한 지식으로 망가지지 않게 하소서. 주님, 주님께서 손수 새로운 하늘나라가 되소서. 하느님이 사람인 그런 하늘나라가. 우리에게 새로운 세상을 선물하시어, 그 속에서 우리 사람들이 당신의 나무, 생명의 나무의 가지가 되어 주님 사랑의 물을 마시고 하느님 아버지께로 함께 올라가도록 하소서. 그렇게 주님께로 오르는 것만이 우리 모두가 기다리는 참다운 진보입니다."

포르티운쿨라(Portiuncula)

대사(잠벌의 면제)의 뜻

남쪽에서 차를 타고 아시시(Assisi)로 다가가게 되면 고을 앞에 펼쳐져 있는 평야에서 맨 처음으로 나타나는 것이 바로 장엄한 16세기와 17세기에 그전 세기 복고주의의 모습으로 지은 산타 마리아 델리 안젤리(Santa Maria degli Angeli) 대성당입니다. 솔직히 말하자면 이 모습이 감동스러운 건 아니랍니다. 이처럼 거대한 덩치로 세워놓은 건축물 속에서 성 프란치스코의 소박함과 겸손을 느낄 수 없는 까닭이지요. 그러나 그 뒤에, 대성당 한가운데에서 우리가 찾던 것이 나타납니다. 바로 중세에 지어진 경당인데, 이 안의 프레스코가 구원의 이야기와 또 이곳과 얽힌 이야기를 포함한 성 프란치스코의 여러 이야기들을 들려줍니다. 낮고 빛도 잘 비치지 않은 경당 안에서 우리는 여러 세기에 걸쳐 이곳에 와서 몸 둘 곳과 살아갈 방향을 찾은 신앙 앞에서 마음이 차분히 가라앉는 기분과 더불어 감동을 느끼게 됩니다. 성 프란치스코가 살던 때 이곳의 언저리에는 숲이 우거져 있었습니다. 온통 질펀하

121

니 사람도 살지 않았습니다. 회개한 지 세 해 되던 해 프란치스코는 무너져가던 상태의 이 작은 성당에 발길이 닿았답니다. 이 교회는 몬테 수바시오(Monte Subasio)의 베네딕토 대수도원 소속이었습니다. 이미 전에도 손수 일을 하여 산 다미아노(San Damiano)와 산 피에트로(San Pietro)의 두 성당을 다시 일으켜 세웠듯이, 이 포르티운쿨라(Portiuncula)의 작은 성당도 마찬가지였습니다. 이 성당은 천사들에 의해 성모께 봉헌된 것이었는데, 이 성당 안에서 프란치스코는 자비의 성모를 경배하였습니다. 이처럼 여러 작은 교회들의 몰락한 상태가 프란치스코의 눈에는 교회 전반의 슬픈 상태를 나타내는 상징처럼 보였을 게 분명합니다. 그때까지만 해도 프란치스코는 이 성당 건물들의 재건으로 살아 있는 가톨릭교회 전체 쇄신으로 가는 길이 트이게 되었다는 사실까지는 미처 몰랐습니다. 그렇지만 프란치스코는 바로 이 경당 안에서 자신이 맡은 일에 뚜렷한 모습을 주고 작은형제회의(프란치스코 수도회의 다른 이름 – 실은 라틴어 이름의 본뜻: O.F.M)를 세우라는 궁극의 부름을 받습니다. 물론 이 수도회가 처음부터 수도회로 생각하고 만든 것은 결코 아니었고, 다시 오시는 주님을 위해 하느님의 백성을 새로 모으는 하나의 복음 운동으로 시작하였습니다.

프란치스코는 먼 옛날 3세기 이집트의 성 안토니우스와 같았습니다. 미사 중 주님을 통한 열두 사도의 파견으로부터 하느님의 나라를 알리고 그 일을 위해 아무것도 제 것으로 갖지 않고 또 세속적인 보장도 하나 없이 길을 떠나야 한다는 복음을 들은 거지요. 프란치스코는 처음엔 저 말의 뜻을 제대로 다 알아듣지 못했습니다. 그래서 사제에게 물어 설명을 듣고 나서야 비로소 그 뜻을 분명히 알게 되었습니다. '이것이 바로 내가 맡은 일이구나.' 프란치스코는 신발을 벗고 투니카라 불리는 옛날 로마의 소매 없는 옷 하나만 걸치고는 길을 떠나 하느님 나라와 회개를 알리고 다녔습니다. 그러면서 점차로 그와 뜻을 같이하는 이들이 그에게로 몰려와 다시금 열두 사도들처럼 이곳저곳으로 복음을 알리며 다녔습니다. 그러는 일이 프란치스코나 그를 따르는 이들 모두에게는 새로운 시작에서 오는 기쁨이요, 길 바꿈에서 오는 기쁨, 회개할 줄 아는 용기에서 오는 기쁨을 뜻했습니다. 포르티운쿨라가 프란치스코에게는 복음을 궁극적으로 깨닫게 한 곳이 되었습니다. 프란치스코는 이곳에서 더 이상 이론이나 설명으로 복음에 다가가려 하지 않고, 그냥 말씀을 실천하는 삶을 살기로 하였답니다. 이 말씀이 지나버린 옛날 말씀이 아니라 그에게 직접 들려온 말씀이란 걸 알아차렸다는 말이지요. 그런 까닭에 프란치스코는 포르티운쿨라에서 수도복을 성녀 글라라에게 건네줌으로써 수녀회를 세워서 남자들의 복음 관련 일들을 안으로부터 거들도록 하였습니다. 그래서 그는 죽음이 다가왔을 때에도 이곳으로 자신을 옮기게 했습니다.

포르티운쿨라란 말은 작은 못, 자그만 땅 뙈기를 뜻합니다. 프란치스코는 이 작은 땅을 베네딕토 수도회로부터 얻어 자기 것으로 삼을 생각 없이, 그저 그를 따르던 사람들을 위해 빌리려고 했습니다. 바로 그렇게 함으로써, 이 땅을 자기의 것으로 드러내기보다 그가 벌이는 운동의 새로움이요 근본 속성으로 나타내려 했던 거지요. 이 운동에 맞는 말로는 시편 16편이 어울리는데, 구약에서 땅을 갖지 못하고 오로지 하느님 스스로를 저들의 땅으로 가질 뿐인 사제의 가문, 레위족의 특별한 운명을 이렇게 읊었습니다. "주님, 당신만이 제 몫이요 제 유산입니다. 그렇습니다. 저의 이 유산이 무척 맘에 듭니다."*

포르티운쿨라는 앞서 보았듯이 처음에는 그저 작은 한 고을에 지나지 않았지만, 아시시의 프란치스코로 말미암아 이 곳은 정신과 신앙의 현실과 뗄 수 없이 맞물리게 되었습니다. 이 현실은 우리가 들어설 수 있는 장소지만, 그와 동시에 이 장소와 함께 신앙의 역사와 그 영원한 힘에 들어설 수 있습니다. 포르티운쿨라가 지난 옛날의 위대한 회개 역사만 떠올리는 게 아니요, 그저 한낱 이념 같은 걸 대표하는 게 아니라, 늘 참회와 은총의 살아있는 관계로 우리를 끌어들이고, 근본적으로 이른바 포르티운쿨라―대사(大赦)라고 불러야 옳을 것과 관계됩니다. 이 말에서 무슨 생각을 해야 할까요? 13

---

* "제가 받을 몫이며 제가 마실 잔이신 주님 당신께서 저의 제비를 쥐고 계십니다"(시편 16,5)(역자 주).

세기말에 가서야 생겨 그때부터 전해 내려오는 이야기에 따르면 아시시의 프란치스코가 1216년 7월에 교황으로 뽑힌 지 얼마 되지 않은 호노리우스 3세를 만나러 페루지아(Perugia)로 가서 다음과 같은 보기 드문 부탁을 하나 했습니다. 그러니까 포르티운쿨라의 작은 경당에 오는 사람들이 스스로의 죄를 고백하고 통회하면 교황이 그 죄와 아울러 지금까지 살아온 인생에 대한 잠벌을 없애주는 전대사(全大赦)를 내려달라고 말입니다.

오늘날의 신자라면 어차피 뉘우침과 고백이 있고 난 마당에 저와 같은 용서에 무슨 의미가 있을까 하고 궁금해하겠지요. 이를 이해하려면 그 당시까지만 해도 비록 많은 변화가 있기는 했더라도 옛날 교회의 고백 원칙의 근본 요소들이 그대로 영향을 미치던 정황을 분명하게 알고 있어야만 합니다.* 세례를 받고 났다 하여 죄 사함이 그저 간단히 고해성사 중의 죄 사함의 선언으로 보장될 수 없고 — 이미 앞서 세례를 준비하던 때와 마찬가지로 — 인생의 참된 전환과 마음으로부터 악을 씻어내는 일이 필요합니다. 성사의 행위는 실

---

* 본문에서 언급된 바와 같이 고해성사를 통해 죄는 용서되나, 그 죄를 기워 갚는 과정으로서 잠벌은 남게 되는데, 이 잠벌을 받는 행위로서의 '보속'이 필요하다. 살아서 해당 보속을 하지 않았다면 잠벌이 그대로 남게 되는데, 죽은 후에 연옥의 정화 과정을 통해 잠벌을 기워갚게 된다. '대사'는 교회가 정하는 일정한 보속의 행위를 실행함으로써 성인들의 공로에 의한 천상 보화를 받아 이 잠벌을 면제해줄 수 있다는 가톨릭의 교리이다. 전대사(全大赦)는 살아오며 지은 모든 죄에 대한 잠벌의 면제이고, 한대사(限大赦)는 일정 부분의 잠벌을 면제해주는 것이다(역자 주).

제 삶의 행위, 그러니까 '보속'이라는, 죄를 실제로 소화하여 이겨내는 일과 맞물립니다. 죄 사함이란 실제 삶에서 정말로 이루어지는 이런 과정이 쓸데없다는 뜻이 아니라, 그런 과정을 실제로 받아들여야 하고, 거기에 그 나름의 뜻이 담겨 있다는 뜻입니다.

성 프란치스코가 살던 때의 교회에서는 죄의 용서와 맞물리는 보속의 으뜸 형식으로 산티아고 데 콤포스텔라(Santiago de Compostella), 로마, 특히 예루살렘까지 먼 길의 순례를 하게 했습니다. 멀고도 위험하고 힘든 예루살렘 순례의 길은 아마도 많은 사람들에게 정말로 내면의 길이 될 수 있었으리라 생각합니다. 그 밖에도 그런 순례에는 실생활과 직접 연결되는 효과도 있었으니, 다름 아니라 성지에서 이루어지는 헌금이 그곳의 교회 시설이며 신자들 살림에 아주 중요한 원천이 되었다는 점입니다. 그렇다고 거기에 대해 코를 찡그리지는 말아야 합니다. 그렇게 함으로써 보속에 구체적인 사회의 요소가 담겼으니까 말이죠. 그런데 프란치스코가 - 전해 내려오는 이야기가 말하듯 - 저 모든 참회의 행위를 포르티운쿨라 성지로 기도하며 찾아오는 일과 맞비길 수 있게 해달라고 부탁했다면, 여기에는 정말로 새로운 점이 맞물려 있습니다. 그러니까 전대사(全大赦)가 보속(補贖)의 본질 전체를 바꾸어야만 하게 된 셈입니다. 프란치스코의 이런 부탁을 교황이 들어주는 것에 추기경들이 언짢아하고 또 다른 성지들의 살림 돌보는 일을 걱정한 나머지 포르티운쿨라의 대사를 한

해 하루, 곧 8월 2일 성당 축성일로 제한한 일은 얼마든지 이해할 만합니다.

그런데 문제는 이렇습니다. 교황이 그렇게 간단하게 그런 일을 할 수 있단 말인가? 교황이라고 해서 교회의 대대적인 참회를 통해 인간 실존의 과정에서 벗어날 수 있습니까? 물론 그렇지 않습니다. 인간 내면의 요청은 교회법적인 판단에 의해 없어도 그만인 것으로 만들 수는 없습니다. 그렇지만 문제는 그게 아닙니다. 가난한 이들을 보고 가난이 무엇인지 알게 된 프란치스코가 그 부탁을 하면서 중요하게 여긴 것은 저 소박하면서 짐 많은 사람들, 성지로 순례할 밑천도 또 힘도 없는 사람들, 스스로의 신앙과 스스로의 기도, 스스로 가난한 삶이지만 복음에 따라 살아내고자 하는 마음가짐 밖에 달리 아무것도 내줄 수 있는 게 없는 이들이었습니다. 이런 뜻에서 포르티운쿨라의 전대사는 짐 많은 이들, 그래서 삶 그 자체로 이미 충분한 참회가 되는 이들의 참회입니다. 그런데 분명한 사실은 바로 이와 맞물려 참회에 대한 생각이 내면화되기에 이르렀고, 그러면서도 그 구체적인 표현이 빠지는 것은 물론 아닙니다. 왜냐하면 이 소박하고 겸손한 이곳 포르티운쿨라에 순례하는 일은 여전히 프란치스코가 바로 이곳에서 배워 익히게 된 바의 저 복음의 극단성을 만나는 일과 맞물리기 때문입니다. 여기서 점차 제 모습을 갖추게 된 대사의 모습에는 역사에서 아주 철저하게 배웠던 것처럼, 이런저런 남용의 위험도 함께 들어 있다는 사실을 감출 수는 없습니다.* 그렇지만 끝내 저런 남용에 대한 기억만 남겨 둔다면, 우리는 기억상실과 피상성에 빠져버리고, 거기서 손해를 보는 것은 바로 우리 자신이 되고 맙니다. 왜냐하면 언제나 그렇듯이 위대하고 순수한 것일수록 거친 것과 천박한 것보다 보기 어려운 법이기 때문입니다.

물론 내가 지금 포르티운쿨라에서 일어났던 저 일이 발전해 나온 경험들이며 깨달음들 전체를 다 펼쳐 보일 수는 없습니다. 다만 바탕이 되는 실마리들만 끄집어내 보일까 합니다. 이 특별한 전대사가 허가되고 나자 곧바로 그다음 단계가 일어났습니다. 다른 이들이 아니라 저 소박하고도 겸손하게 신앙생활을 하는 사람들에게 이런 물음이 떠올랐던 거지요. '내가 왜 꼭 나만 돌봐야 하는 거지? 물질 영역에서나 정신 영역에서 마찬가지로 내가 선물로 받은 걸 다시 다른 사람에게 줄 수 있을까?' 그러면서 생각은 무엇보다 가난한 영혼들, 그러니까 가까운 이웃에 있는 사람, 앞서서 다른 세계에 가면서 그 운명에 대해 모른척할 수 없을 그런 사람들에게 미

---

*   중세 가톨릭교회는 성 베드로 대성당의 건축을 위해 대사의 조건으로 건축 헌금을 낼 것을 요구하였다. 그리고 교황이나 주교에게 유보된 중죄의 사죄권을 일반 사제에게 일회적으로 집행할 수 있게 하는 증서를 헌금 납부자에게 발행하였다. 헌금 납부자는 그것을 가지고 일반 사제에게 고해하고 대사를 받을 수 있었다. 이것이 이른바 종교개혁의 도화선이 된 '면죄부'라고 불리는 것인데, 세간의 인식처럼 '천국에 가게 해 주는 부적' 같은 것은 아니지만, 당시 교회가 대사의 조건으로 금전을 요구한 사실 자체는 분명하다. 제임스 C. 기본스, 『교부들의 신앙』, 장면 역, 가톨릭출판사, 2020. 501-507 참조(역자 주).

칩니다. 좋아했던 사람들 또는 부대꼈던 사람들의 약점이며 잘못들과 그렇게 된 정황들을 알게 됩니다. 그럴 때 그런 이들을 위해 걱정하지 말아야 할 까닭이 무엇입니까? 영원토록 저들에게 좋은 일을 해주고, 될 수 있는 대로 위험천만한 영혼의 여행길을 함께 하며 도움을 주려고 애쓰지 말아야 할 이유가 무엇입니까?

여기에 관계된 것이 조상 숭배나 죽은 이에 대한 숭배 속에서 온 인류 역사를 통해 다양한 표현들로 만들어진 인류의 원초적 감정입니다. 그리스도교 신앙에서는 이 모든 걸 그저 잘못이라고 천명해버린 게 아니라, 그 모든 걸 정화시켜서 본래의 순수한 의미가 두드러지게 만들었습니다. 바오로는 이런 말을 하였습니다. "우리는 살아도 주님을 위하여 살고 죽어도 주님을 위하여 죽습니다. 그러므로 우리는 살든지 죽든지 주님의 것입니다"(로마 14,8). 이 말뜻은 이렇습니다. 죽음이라는 것은 이제 더 이상 어쩔 수 없는 궁극의 한계가 아니라, 궁극의 판가름은 주님께 속하느냐 속하지 않느냐 하는 문제입니다. 우리가 주님께 속한다면, 우리는 주님을 통해 그리고 주님 안에서 서로 '함께'가 됩니다. 그렇기 때문에 ─ 그야말로 아주 논리에 맞는 요구인데 ─ 죽음의 한계를 넘어서는 사랑이란 게 있습니다. 그러기에 선물로 받은 용서의 힘에서 얼마를 죽음 저 건너편에까지 건네줄 수 있지 않을까 하는 물음에 대해 격식이 맞는 대답을 하자면 이렇습니다. 예, 그럴 수 있고, 그것도 다름 아닌 연옥 영혼을 위한 기도의 방법으로(per modum suffragii) 그럴 수 있습니다. 이렇게 해서 벌써부터 언제나 교회에 속해 있던 죽은 이들을 위한 기도에 특별히 큰 힘이 실리게 되었습니다. 또 온갖 오용과 오해들을 뛰어넘어 기도 속으로 부르는 위대한 초대가 되도록 한 게 바로 이러한 긍정의 대답입니다. 여기에 덧붙여서 해야 할 말이 있는데, 애초에 포르티운쿨라라는 장소와 맞물린 전대사가 처음에는 프란치스코회 사람들 모두를 위한 것이었다가 나중에는 8월 2일을 모든 본당을 위한 전대사의 날로 확대시켰습니다. 제가 어렸을 때의 기억에서 포르티운쿨라의 날은 마음 살핌의 날(내면 성찰의 날)로, 모두 모여 여러 성사들을 받는 날로 그리고 기도의 날로 남아 있습니다. 이날 우리 본당 앞에 있는 광장에는 특유의 장엄한 고요함이 감돌았지요. 사람들은 끊임없이 교회에 드나듭니다. 그리스도교가 은총이란 사실, 그 은총이 기도 속에서 드러난다는 사실이 저절로 느껴집니다. 잠벌이 모두 사해진다는 전대사에 대한 온갖 이론들과는 아무 상관없이 이날은 세계 어디서나 믿음의 날이요 조용한 신뢰의 날이자 특별히 틀림없이 들어주시는 기도의 날입니다. 그리고 이 기도는 무엇보다 죽은 이들에게도 해당됩니다.

그런데 세월이 지나면서 여기에 또 다른 생각이 생겨나게 되었는데, 오늘날의 우리가 보기에는 무척 낯설어 보일지 몰라도 여기에는 아주 중요한 진리가 담겨 있습니다. 이 전대사가 다른 사람들을 위해 나서기로 이해되는 정도가 커지는 만큼 이 또 다른 생각은 두드러져서 새로운 형식을 신학적으로 뒷받침하는 동시에 더욱 발전시킵니다. 다른 저 건너 세상 속에 대고 하는 기도에 저절로 꼬리를 물고 따라오는 생각이 바로 성인들의 공동체요 정신적 재산을 공유한다는 생각입니다. 그러면 여러분들은 이런 말을 하시겠지요. 이건 또 무슨 말이란 말인가? 이건 도대체 말도 안 되는 종교 상업주의(mercantilism)가 아닌가? 성인들의 선행들로 이루어진 교회의 보물이 실제로 이야기된다는 사실을 지적하면 이 물음은 더욱더 첨예해집니다. '대관절 무슨 말이야? 사람은 저마다 제 스스로 책임져야만 하는 게 아닌가? 다른 사람들이 때때로 하는 좋은 일들이 나와 무슨 상관이 있단 말이야?' 우리가 이렇게 묻는 이유는, 아무리 사회주의 사상이니 사회적인 이념이니 해도 우리는 여전히 근대의 좁은 개인주의 틀에서 살아가기 때문입니다. 그렇지만 실제로는 오직 홀로 제 안에만 갇혀 있는 사람은 아무도 없습니다. 우리 모두는 물질적으로뿐만 아니라 정신적으로 그리고 도덕적으로도 서로 의지하며 살아갑니다. 먼저 부정적인 측면에서부터 확인해보도록 해보지요. 저 혼자만 망가뜨리는 게 아니라 다른 사람들까지 함께 망치고 온 세대들을 다 부정적인 쪽으로 몰아가는 파괴의 힘을 남기는 사람들이 있습니다. 우리 시대의 대단한 유혹자들을 생각해보면, 얼마든지 저런 일을 실감할 수 있습니다. 한 사람의 부정(否定)은 전염병처럼 다른 사람들에게 전염됩니다. 하지만 다행히도 부정에서만 그런 것은 아닙니다.

사랑과 이겨낸 고난과 순수함과 참됨이 차고 넘쳐, 이른바 잉여분을 남기는 사람들이 있습니다. 그런 잉여분이 또 다른 사람들 마음을 사로잡고 함께 이끌어갑니다. 우리 존재의 가장 깊은 곳에는 정말로 남을 대신하는 면이 있습니다. 그리스도의 신비 전체가 바로 거기에 바탕을 두고 있습니다.

그러면 이제 이렇게 말할 수 있습니다. "좋아, 그런 게 있어. 그렇지만 그리스도 사랑의 잉여만으로 충분하니, 거기에 더 필요한 것은 아무것도 없어. 구원은 오직 예수님의 일이고, 그밖에 다른 모든 것은 마치 덧없는 우리가 무한한 예수님 사랑에 무언가 더하기라도 해야 한다는 식의 오만일뿐이야." 맞는 말입니다만, 또 그러면서도 완전히 맞는 말은 아닙니다. 왜냐하면 우리를 수동의 수혜자 상태로 버려두시지 않고 당신의 역사와 수난에 함께 이끌어 들이시는 것도 그리스도 사랑의 위대함에 포함되기 때문입니다. 콜로새서에 나오는 다음의 유명한 글귀가 이를 말해줍니다. "그리스도의 환난에서 모자란 부분을 내가 이렇게 그분의 몸인 교회를 위하여 내 육신으로 채우고 있습니다"(콜로 1,24). 여기에다 신약성경의 글귀를 또 하나 지적하고 싶은데, 여기서도 아주 멋있게 표현되었다고 생각합니다. 요한 묵시록에서 신부인 교회에 대한 말이 나오는데, 구원받은 사람들 모두가 그 안에 들어 있는 것으로 묘사되었습니다. 바빌론의 창녀가 사치스럽고 호화로운 보석에다 값비싸고 돈 많이 드는 것들로 요란하게 꾸민 데 비해 이 신부는 오직 하얀 아마포로 만든 소박한 옷만 입었습니다. 물론 이 옷의 천은 특별히 깨끗하니 빛나는 고대 이집트의 아마포(Byssus)로 무척 값진 것입니다. 이에 대해 성서에서는 이렇게 말합니다. "고운 아마포 옷은 성도들의 의로운 행위입니다"(묵시 19,8). 성도들의 삶 속에서 영원의 옷인 하얗게 빛나는 아마포가 만들어졌단 말이지요.

비유 없이 말해보기로 하지요. 정신의 영역에서는 모든 게 모두의 것입니다. 거기서는 사사로운 소유란 게 없습니다. 다른 사람의 좋은 것은 내 것이 되고, 내 것은 또 그의 것이 됩니다. 모든 게 그리스도께로부터 오지만, 우리가 그분께 속하니 우리의 것도 마찬가지로 그분의 것이 되고 그래서 거기에도 구원의 힘이 담겨 있습니다. 성도들의 옳은 행위를 뜻하는 교회의 보물이 바로 이를 뜻합니다. 전대사를 청한다는 것은 바로 이 정신적 재산을 함께 나누는 공동체에 들어서서 스스로를 그 공동체에 맡긴다는 뜻입니다. 포르티운쿨라에서 시작된 보속 개념의 변화에 따른 논리적 결과로, 성직에서도 아무도 저 혼자서 살지 않습니다. 제 영혼의 구원에 대한 걱정이 다른 사람의 구원을 위한 걱정이 될 때에만 비로소 그 걱정은 두려움과 이기주의를 벗어나게 됩니다. 그렇듯 포르티운쿨라와 거기서 생겨난 면죄는 다른 사람의 구원을 내 구원 위에 두고 그렇게 함으로써 나를 찾으라는 명령입니다. 더 이상 '내가 구원될까?'라고 묻지 말고, '하느님께서 다른 사람들을 구원하시기 위해 내게 바라시는 게 무얼까?'라고 물어야 합니다. 전대사는 성도들의 공동체(성인들의 통공)를, 대신 행해줌의 신비를, 그리스도와 그리고 그분의 가르침과 하나 되기 위한 길로서의 기도를 가리킵니다. 우리를 불러 새 인류의 소박함이 참 아름다움인 흰옷을 같이 짜자고 합니다.

전대사는 끝내는 포르티운쿨라의 교회와 같습니다. 그 커다란 건축물에서 조금은 낯선 차가움을 참고 지나가야만 그 한가운데서 우리 마음을 사로잡는 겸손의 작은 성당을 찾을 수 있듯이, 역사와 신학 사상의 온갖 굽이들을 헤치고 지나가야만 단순하고 소박한 것에 다다르게 됩니다. 바로 기도지요. 성인들의 통공으로 들어가서 그들과 함께 끝내는 모든게 은총이라는 걸 알면서 전능한 것처럼 보이는 악에 맞서 선한 일의 잉여를 함께 쌓아올리기 위한 기도 말입니다.

볼프강 폰 레겐스부르크 (St. Wolfgang von Regensburg)

유럽의 성인

거룩함은 오늘날 사람들에게 특별하게 매력이 있다거나 중요해 보이는 주제가 아닙니다. 오늘날 우리들이 찾는 것은 그보다 훨씬 냉철하면서도 훨씬 더 소박한 것으로, 바로 '신뢰'입니다. 도저히 닿을 수 없을 만큼 높이 있는 듯 보이다가는 갑자기 빛을 빼앗기고 법정의 피고석에 앉아 있는, 그런 권력자들의 추락 모습을 우리가 사는 세기 동안 끊임없이 보곤 했습니다. 끊임없이 믿음이 무너져버리고, 그러면서 차츰 사람을 믿는 용기마저 송두리째 사라져버리고 말 지경입니다. 사람을 비방하는 사람들, 창조주이신 하느님을 비방하는 사람들이 활보할 여지가 커졌습니다. 겉으로만 아름다워 보일 뿐인 모습들을 뒤집어보기만 하면, 저 모든 도덕과 품위 뒤에는 언제나 똑같은 비참성이 드러나고 만다고들 말하지요. 그러면서 차츰 권위 자체가 불가능해지는데, 처음 보기에는 저것이 꼭 자유의 승리처럼 보입니다. 하지만 실상을 보자면, '신뢰'가 더 이상 선물로 주어질 수 없는 세상은 오직 더 어둡고 더 가난해질 뿐입니다. 그렇기 때문에 우리는 자꾸만 속도 겉보기와 똑같은, 그런 믿음직한 사람들을 고대하게 됩니다. 그런 사람을 찾아야만 정치에 대한 싫증과 교회에 대한 권태를 이겨낼 수 있으니까 말입니다.

　믿을 수 있는 목자, 믿을 수 있는 정치가의 모습이란 게 도대체 어떠해야 할까요? 이와 비슷한 사회의 신뢰 위기 속에서 플라톤이 말하기를, 어중간한 정치의 맹점은 그 정치를 하는 사람들이 '커다란 재산이라도 되는 듯' 권력을 두고 다투기 때문이라 하였습니다. 참된 정치인이라면 이런 허상이며 겉모습을 좇아가며 매달리는 세태를 꿰뚫어본 사람이어야 한다고요. 그런 정치인이라면 정치를 봉사로 알고 짐으로, 이미 맛본 적 있는 더 위대한 일에 대한 포기로 받아들여야 한다고 했습니다. 이를테면 깨달음의 아름다움이며 진리를 위한 자유처럼 말이지요. 교회 안의 올바른 목자들을 위한 척도들도 근본적으로 다를 게 없습니다. 사제직이나 주교 자리를 권력이며 명망이 커지는 것으로 보며 차지하려 애쓰는 사람이라면 아예 밑바탕에서부터 오해한 셈입니다. 저런 자리들을 차지하여 무엇보다 제 자신부터 무언가 되어 보려 하는 사람은 늘 여론의 노예상태를 벗어나지 못합니다. 제 세력을 지키기 위해 아첨을 해야만 합니다. 늘 다른 사람들이 하는 대로 따라가려고 제 스스로를 뜯어고쳐야만 하지요. 또 사람들 말에 늘 맞장구를 쳐야만 합니다. 쉴 새 없이 바뀌는 흐름을 좇아서 제 스스로를 뜯어고치면서 그러다가 끝내 진리는 아예 잃어버리고 마는 것이, 오늘 칭찬했던 일도 당장 내일이면 벌써 잘못이라고 판결해야만 하니까 말입니다. 그렇게 되면 사람을 더 이상 정말로 사랑하지 못하고, 오로지 제 자신만 사랑하게 됩니다. 그렇지만 그와 동시에 또 세력이 더 큰 의견이 있으면 곧바로 제 자신을 잃어버리고 맙니다. 이와 같은 설명들을 계속해 나갈 필요는 없겠습니다. 안타까운 노릇이지만 저와 같은 행동들이야말로 공동생활에서 일어나는 온갖 사건들에서 물릴 지경으로 알고 있는 터니까 말입니다.

믿을 수 있는 목자들의 물음으로 돌아가 봅시다. 어떤 모습으로 보여야 할까요? 어찌 되었든 안팎 모습의 일치는 신뢰에 듭니다. 하지만 그것으로 충분하지는 않지요. 왜냐하면 믿을 수 있다는 게 이런 뜻으로 충분하다면, 대놓고 자기가 악하다고 밝히는 악한 사람도 믿을 수 있는 게 될 테니까요. 올바른 신뢰라면 그 사람의 속이 사람됨의 참뜻과 맞아떨어져야 합니다. 쉽게 이렇게 말할 수 있습니다. 겉모습이 선하게 보이고 싶다면 무엇보다 먼저 속으로 선해야 한다고 말이죠. 또 하느님께서 사람을 지으시면서 생각하셨던 모습 그대로인 사람은 선하다고 말할 수 있습니다. 하느님 뜻에 꼭 맞는 사람은 선하고, 하느님의 빛이 조금이라도 내비치고, 제 스스로를 앞세우지 않고 늘 옆으로 비켜서서 하느님이 비쳐 보이도록 하는 사람은 선합니다. 따라서 믿음성에 대한 요구의 길을 따르다 보면 저절로 거룩함의 낱말로 돌아가게 되는

데, 이 말은 애초의 소박한 뜻으로 이해해야만 제대로 이해할 수 있습니다.

사실 누구에게나 다 적용되는 것인데, 이제야 비로소 그 실마리가 잡혔습니다. 그리스도의 양 떼를 돌보려는 사람의 경우 이처럼 누구에게나 적용되는 보편성이 아주 특별한, 그 일에 알맞은 모습을 띠지 않을 수 없습니다. 앞에서 이미 말했듯이, 이런 일을 하는 사제나 주교라면 제 자신의 명망이며 제 삶의 수준을 높이기를 추구해선 안 됩니다. 성 아우구스티노가 이야기했던 것인데, 사제로 서품을 받고 난 다음에 혼자 조용히 울었는데, 그게 그저 철학자의 멋진 자유를 잃어버린 것 때문만이 아니라 어쩔 수 없이 밀려나오는 다음과 같은 사실에 대한 앎 때문이기도 했답니다. '이제 너는 더 이상 네 짐만 지는 게 아니라, 다른 사람들의 짐도 함께 져야만 한다. 이제 너는 네 자신의 삶에 대한 책임만 다하면 되는 게 아니라, 네게 맡겨진 사람들의 책임을 위해서도 힘써야만 한다. 내가 정말 그런 일을 해낼 수 있을까? 모자람이 없게끔 사람들을 섬기는 일을 내가 해낼 수 있을까?' 위대한 부름의 이야기들마다 이와 비슷한 일을 보게 됩니다. 모세나 예레미야, 요나 같은 사람들도 하느님의 입과 손이 되라는 요구에 대해 온 힘을 기울여 거역하려 했습니다. 충분히 겪은 바 있는 사람들의 반발 때문만이 아니었고, 또 그게 첫째가는 이유도 아니었습니다. 저들이 무엇보다 먼저 두려워한 대상은 바로 스스로의 모자람이었습니다. 스스로 사람됨의 그릇 크기가 마땅한 정도에 얼마나 뒤처져 있는지를 보았던 거지요. 저 사람들은 저들이 하느님 말씀을 자기들의 보잘것없는 입술에 올리면 전혀 신뢰를 줄 수 없게 될까 걱정했습니다. 겉보기에 이사야만 그와 상반되는 보기 같습니다. 삼위일체(Dreimal heilig) 하느님의 거룩하신 모습이 그에게 나타났을 때, 이어서 이런 소리를 듣습니다. 내 누구를 보내야 할까? 누가 내 명을 받아 가겠는가? 그러자 그가 이렇게 대답합니다. "제가 있지 않습니까? 저를 보내십시오"(이사 6,8). 그가 일을 맡겠다고 스스로 나선 것은 제 스스로를 위해 무엇인가를 이루려고 했기 때문이 아니라 하느님께서 저를 필요로 하시기 때문이고, 또 제 스스로를 하느님 손에 맡기면 더 없이 안전하다는 사실을 알기 때문입니다. 이처럼 믿음에 찬 생각이 있기에 우리의 역사 내내 모세도 또 예레미야며 다른 많은 하느님의 사자들도 맡긴 일을 받들었습니다. 그들 스스로의 재주와 위대함으로 신뢰를 준 것이 아니라, 자기들 스스로 찾아 맡은 게 아니라 맡겨진 일에 몸을 바쳐 일하는 겸손함을 통해 믿음을 주었다는 말이지요. 제 스스로의 자아를 제쳐두고 하느님께 자리를 내드렸기 때문에 신뢰가 있습니다.

이렇게 해서 우리는 마침내 얼마 전에서야 비로소 한 해 동안 성대하게 기념했던 성인에 이르게 되었습니다. 다름 아니라 천 년 전 −994년−에 세상을 떠난 레겐스부르크(Regensburg)의 볼프강(St. Wolfgang)입니다. 볼프강은 주교 자리를 탐하지 않았습니다. 그가 살아간 길은 먼 길을 돌며 진정한 스스로의 소명을 찾는 힘겨운 과정처럼 보입니다. 라이헤나우(Reichenau)와 뷔르츠부르크(Würzburg) 대학에서 공부를 하고, 그다음에는 트리어 대성당에서 신학을 연구하는 수도사로 있었는데, 이윽고 황제 오토 1세가 집무를 보던 쾰른(Köln)으로 그를 불렀습니다. 하지만 그는 쾰른의 대주교 브루노가 그에게 권하는 주교 자리를 마다하였습니다. 그는 아직까지 순수의 상태에 다다르지 못했고, 또 그 사이에 자리를 잡으며 발달한 제국 교회 체계에 그저 무턱대고 발을 들여놓고 싶지 않았던 거지요. 그는 자기의 길을 찾고 싶었습니다. 볼프강이 자기 인생의 결정을 내리기도 전에 이미 그의 나이 사십이 되었습니다. 그는 수도사가 되었지만, 그가 지낸 곳은 젊었을 때부터 익히 친숙해 있던 라이헤나우의 화려한 수도원이 아니라 엄격한 규율 때문에 그 스스로 고른 아인지델른(Einsiedeln)의 수도원이었습니다. 그러면서 속 깊고 힘들여 추구하는 사람의 모습이 우리 앞에 드러나게 됩니다. 스스로 온 마음을 바쳐서 따랐던 성 베네딕토의 규율이 이 사람 속을 보여주는 일종의 내면 초상화라고 보아도 좋을 것 같습니다. 다시 말하면 이런 뜻입니다. "우리는 신앙으로 허리를 졸라매고, 성실히 선을 행하며 복음의 인도를 받아 주님이 우리에게 가리켜주신 길을 걸어가서 우리를 당신의 나라로 부르시는 그분을 부끄러움 없이 우러를 수 있고자 한다."

"복음의 인도를 받아 주님의 길을 간다." 볼프강은 아직 그 길의 목적지에 다다르지 못했습니다. 복음은 그에게 더 많은 것을 요구했습니다. 유럽이 그리스도교화되기는 하였지만, 그리스도교화된 유럽은 오늘날의 헝가리에 해당하는 파노니아(Pannonia) 국경에서 끝났습니다. 그리스도교도들은 무장을 한 채 동구의 불안정한 기마족들과 대치하고 있었습니다. 레히(Lech) 평야에서 955년에 벌어진 전투에서는 아우구스부르크의 울리히(Ulrich) 주교도 싸웠는데, 그가 바로 968년에 볼프강에게 사제품을 준 인물입니다. 하지만 이제 새로운 시대가 열렸습니다. 그 옛날 아일랜드와 영국으로부터 위대한 선교사들이 대륙으로 왔던 것처럼 볼프강은 길을 떠났습니다. 그는 헝가리로 향했는데, 칼이 아니라 복음을 들고, 무방비 상태이셨던 주 예수 그리스도의 사도 자격으로 그 또한 무방비 상태였습니다.

그의 선교 노력은 실패하였지만 그럼에도 복음과 함께하는 그리고 복음을 위하는 그의 길은 거룩한 하느님의 이끄심을 받은 길이었습니다. 파사우(Passau)의 필그림(Pilgrim) 주교는 아무래도 미심쩍게 '여기저기 돌아다니는 수도승'을 불러들였는데, 직접 만나보고 나서 그 사람에게서 예수 그리스도를 제대로 섬기는 참된 종의 모습을 알아차리고는 황제에게 그를 레겐스부르크의 주교로 추천하였습니다. 황제의 고문들은 가난하고 이름도 없는 그를 한동안 두고 보자고 하였지만, 필그림의 추천이 받아들여졌습니다. 그래서 볼프강은 973년 경 이 도나우 강가의 도시 주교가 되었습니다.

그렇다면 그가 출세욕에 빠진 걸까요? 그의 전기를 쓴 성

에머람의 오틀로(Otloh von St. Emmeram)는 주교 신분으로 넘어가는 과정을 이런 말로 성격 지웠습니다. "수도원은 떠났으되 수도사이기를 그만두지는 않았다"(Eserens monasterium, non monachum). 그는 이사야처럼 말할 수밖에 없는 상황에 다다랐습니다. "주님, 저 여기 있습니다. 저를 보내세요." 또는 고래 뱃속에서 나와 이제 더 이상 달아나선 안 되고 하느님의 뜻을 전해야만 한다는 것을 알게 된 요나의 처지가 되었습니다. 이제 볼프강은 스스로의 소명을 찾았기에 그럴 수 있기도 합니다. 그는 수도사였고 사제였으며, '주님께서 우리에게 가리켜주신 길'을 갈 마음의 준비를 갖추었습니다.

성 볼프강이 주교로 있던 세월은 두 가지 결정적인 포기로 두드러지는데, 둘 다 지금까지 우리가 생각해 보았던 것의 연장선상에 있습니다. 볼프강은 프라하(Prague) 교구 건립을 동의하였는데, 그것으로 보헤미아(Bohemia)가 자신의 교구로부터 떨어져 나가는 걸 받아들인 셈입니다. 제국의 제후로서 자산 문제부터 생각하는 주교들에게는 아주 이상하게 보였을지도 모릅니다. 하지만 거룩한 이 주교는 자기의 일을 권력의 관점으로 보지 않았습니다. 그에게 중요한 문제라면, 어떻게 하면 복음에 가장 크게 보탬이 되고 또 그로 말미암아 사람들에게 아주 좋은 보탬이 될 수 있을까 하는 것이었습니다. 이 순간에 그가 했던 다음 말들이야말로 참된 목자의 모습을 잘 나타내줍니다. "우리는 저 나라의 땅속에 값진 진주가 묻혀 있는 걸 아는데, 우리 보물을 희생하지 않고서는 얼을 수가 없습니다. 그러니 다들 들으세요. 난 기꺼운 마음으로 내 자신을 희생하고 아울러 내가 가진 것을 희생하여 그곳에 교회를 튼튼하게 하고 주님의 집이 반석 위에 서도록 하겠습니다." 그야말로 지금 현재에까지 그 영향이 미치고 또 현재에도 여전히 문제가 되는 말들입니다. 보헤미아에 대한 포기로 그곳에서 그 나라 안의 힘들로부터 자체 주교구와 살아 있는 교회가 자라나고, 그리고 어쩌면 그로 말미암아 레겐스부르크와 프라하 사이에, 그러니까 보헤미아와 바이에른(Bayern) 사이에 강한 연대가 생길 수 있었을지도 모릅니다. 왜냐하면 여기서 우리가 만나게 되는 본보기가 평화를 이룩하고 우정을 세우는, 그런 마음 자세이기 때문입니다. 말하자면 포기할 줄 아는 것으로 더 가난해지는 게 아니고, 포기할 줄 아는 능력이야말로 언제나 참다운 위대함의 조건입니다. 왜냐하면 위대함이야말로 사사로운 욕심이 없는 것, 마음의 자유, 깨끗한 마음, 다른 사람에 대한 인정, 정의, 사랑 같은 것들과 관계되기 때문입니다. 우리가 성 볼프강을 기념함은 바로 저와 같은 마음 자세들을 구하고자 하기 때문입니다. 그를 기억한다는 것은 우리 생각대로가 아니라 '복음의 인도를 받아' 주님의 길을 함께 찾아가는 가운데 다른 사람들에게 내 스스로를 연다는 뜻이랍니다.

다른 나머지 포기 하나는 볼프강이 대수도원장의 직위와 주교의 자리를 갈라놓은 데 있습니다. 수도사 생활에서 자신의 소명을 찾았던 그인지라, 그저 레겐스부르크의 주교가 되기 위해 성 에머람 대수도원장의 지팡이를 내려놓기가 그만큼 더 어려웠을지도 모릅니다. 그렇지만 볼프강은 자기가 할 일에 따른 고유한 모습을 정확하게 보았습니다. 수도원의 수도승 식구들에게는 그들의 기도와 일상의 일들을 하는데 힘을 합치도록 해서, 베네딕토 성인의 말처럼, 정말이지 '주님을 위한 일을 배우는 학교'가 되게 하는 아버지가 필요합니다. 그렇지만 주교는 선교와 관련하여 맡은 일로 늘 사람들에게 다가갈 수 있어야만 합니다. 이 결정도 마찬가지로 볼프강과 그의 교구를 더 풍요롭게 했습니다. 이 주교가 그로 말미암아 더 보잘것없어진 게 아니라 맡은 일을 하는 데 더 자유로워졌단 말입니다. 그래서 볼프강의 이 두 번째의 중요한 결정도 마찬가지로 포기가 구원이 된다는 걸 가르쳐주는 교훈입니다. 그뿐만 아니라 우리는 또 여기서 이 세상에서 수도원의 생활과 그리스도교도로서 해야 할 일을 조화시키는 법을 배울 수 있습니다.

사람이 다른 사람에게 무얼 줄 수 있으며 어떻게 다른 사람들이 사람다운 모습을 이루도록 해줄 수 있느냐 하는 점에서 그 사람의 높낮이가 가장 잘 드러납니다. 볼프강이 후대에 계속 영향을 미치게 된 것은 책들을 통해서가 아니라, 그의 신앙의 힘과 신앙으로부터 나오는 그의 사람다움을 전해 받은 사람들을 통해서입니다. 볼프강의 제자들 테두리에서 미친 영향이 얼마나 컸는지 일일이 꼽기 어렵습니다. 볼프강이 좋아했던 제자인 타기노(Tagino)는 막데부르크(Magdeburg) 대

주교가 되었습니다. 트리어(Trier), 메르제부르크(Merseburg), 뤼티히(Lüttich)의 주교좌들도 성 볼프강의 제자들이 차지하였습니다. 일련의 대수도원들에서는 정신적 아버지를 레겐스부르크 근처에 있는 성 에머람 수도원에서 찾습니다. 나중에 성인이 된 황제 하인리히(Heinrich) 2세는 볼프강의 가르침을 받으며 컸습니다. 볼프강의 여 제자였던 기젤라(Gisela)가 헝가리의 슈테판(Stephen) 성왕의 배필이 됨으로써 볼프강이 그토록 애썼지만 실패하고 말았던 헝가리의 복음화를 새로운 세대에서 이룰 수 있었던 것은 아주 아름다운 인연으로 비칠 수밖에 없습니다.

'주님을 경외하고 주님의 길을 걷는 이들은 복되도다.' 시편 33편 18절에서 이르는 말씀입니다. 사람은 누구나 다 행복할 수 있습니다. 그렇지만 어떻게 그럴 수 있을까요? 우리가 볼프강을 우러러보노라면 무엇보다 포기가 맨 먼저 눈에 들어옵니다. 그는 주교 자리를 받아들이지 않았습니다. 그는 조용히 숨어서 사는 수도원의 수도생활과 고요함과 평화를 추구했습니다. 그렇지만 그런 그도 길을 떠나 마침내는 주교가 되어야만 했습니다. 자기 스스로의 삶을 포기하는 동시에, 다른 사람들의 짐을 스스로 받아 졌습니다. 왜냐하면 주님이 그걸 바라시기 때문입니다. 그렇다면 그것으로 그의 행복은 사라져버리고 말았을까요? 자기 스스로의 인생은 헛산 꼴일까요?

오히려 정반대입니다. 제 스스로를 찾는 이는 저 자신을 잃어버립니다. 늘 저 자신만 살피는 사람은 롯의 아내 꼴이 됩니다. 짜증을 내다가 소금덩이가 되고 말았지요. 볼프강이 내린 인생의 결정은 이렇습니다. '복음의 인도를 받아 주님께서 우리에게 가리키시는 길을 간다.' 자기 스스로를 돌보지 않았기에, 바로 그렇기 때문에 그는 시편의 약속 안으로 들어갔습니다. 많은 것을 내주었기 때문에, 제 스스로를 내주었기 때문에, 바로 그렇기 때문에 그는 마음으로 더 부유하고 더 행복한 사람이 되었습니다. 커다란 내면의 빛이 뻗쳤고 아직도 뻗치고 있는 그런 사람이지요. 볼프강은 신뢰 있는 목자입니다. 아니 그 이상이지요. 거룩한 사람입니다. 그라면 우리는 믿고 따를 수 있습니다. 그는 올바른 길을 가리켜줍니다.

모든 성인 대축일

베드로 대성당의 발치에서

로마의 독일인 공동묘지인 '캄포 산토 테우토니코'(Campo santo Teutonico)* 자리는 옛날 네로(Nero)가 서커스를 열던 터로, 오늘날의 베드로 광장(Piazza San Pietro)의 상당 부분도 거기에 포함되었습니다. 여기가 바로 로마의 첫 순교자들이 그리스도를 위해 죽은 곳입니다. 네로는 사람을 살아 있는 횃불로 태우기도 하고, 짐승 가죽을 입혀 들개들에게 던져 물어뜯어 죽게 하면서 죽음을 구경거리로 만들었습니다. 베드로가 묻힌 공동묘지도 아주 가까이에 있는데, 그 대부분은 이제 베드로 성당 지하에서 볼 수 있습니다. 네로가 죽음을 가지고 무시무시한 장난을 친 곳은 그리스도교도들에게 성지가 되었습니다. 저 폭군은 자살로 끝을 보았고, 결코 무너지지 않으리라던 로마 제국마저도 망해버리고 말았습니다. 그

---

* Campo santo는 '공동묘지', Teutonico는 '게르만족의'라는 뜻으로, '게르만족의 공동묘지'라는 뜻. 바티칸 구내에 있으며 국제법상 독일의 치외법권 지역이라 한다(역자 주).

러나 순교자들의 신앙, 베드로의 신앙은 숱한 폭군들도 이겨냈고 로마 제국마저도 이겨냈습니다. 이 신앙은 온갖 몰락들 속에서도 새로운 세상을 일으켜 세울 수 있는 힘으로 증명되었습니다.

어림잡아 800년쯤에 서구세계의 패권을 차지한 프랑켄족 사람들이 여기에다 공동묘지를 세웠는데, 로마에 순례 왔다 죽은 프랑켄족 사람들을 이곳에 장사지냈습니다. 그러다가 독일인의 로마 공동묘지가 되었습니다. 프랑켄족 사람들이 저 공동묘지를 세우며 무슨 생각을 했는지 짐작하기는 어렵지 않습니다. 베드로의 무덤은 그저 보통 무덤이 아니었습니다. 그 무덤은 죽음 너머까지도 미치는 예수 그리스도의 강력한 권능에 대한 보증이었습니다. 그러니까 죽음을 넘어선 희망의 상징이 여기에 있는 셈이지요. 이 자리에 묻히는 사람은 승리에 빛나는 베드로의 신앙, 순교자들의 신앙인 희망에 함께 매달리는 셈입니다. 베드로의 무덤도 다른 여느 무덤이나 마찬가지로 죽음의 불가피성에 대해 이야기하지만, 이 무덤은 그것 말고도 무엇보다 부활에 대해 이야기합니다. 이 무덤은 하느님이 죽음보다 더 세시다는 사실, 그리스도 안에서 죽는 사람은 죽어 생명으로 간다는 사실을 말합니다. 사람들은 베드로 가까이에서, 순교자들 가까이에서 기도하여 좋은 공동체 속에서 함께 죽음과 부활을 맞기를 바랍니다. 사람들은 성인들과 함께함으로써 예수 그리스도의 구원하는 힘에 함께 들어갔습니다. 성인들의 공동체는 삶과 죽음을 함께 에워싸서 아우릅니다. 죽음에서도 이 공동체에 들어 있음으로 해서 허무로 떨어지지 않게 됩니다. 저 성인들의 이끌어 올림을 받아 참 생명으로 들어가려면, 심판자 앞에서 혼자 남지 않고 그들이 함께해 줌을 통해 최후의 심판에서도 버텨낼 수 있으려면 그 공동체 안에 있어야 합니다.

슬픔과 덧없음의 자리인 공동묘지가 이렇게 해서 희망의 자리가 되었습니다. 그래서 여기 묻힌 사람은 이렇게 말하는 셈입니다. "그리스도여, 부활하신 주님을 믿습니다. 저는 주님께 매달립니다. 전 혼자가 아니고, 사랑할 줄 모르는 이의 죽음과 같은 외로움 속에 있지 않습니다. 죽음에서조차 저를 그저 버려두지 않는 성인들의 공동체에 제가 있습니다." 이처럼 슬픔의 자리에서 희망의 자리로 바뀌는 모습은 이 공동묘지와 그리고 그리스도교 공동묘지 전체에서 볼 수 있습니다. 꽃들과 나무들이 묘지를 꾸미고 있다는 말씀입니다. 사랑과 연대감의 상징들로 묘지가 꾸며졌습니다. 이들 공동묘지는 마치 정원 같고, 평화가 없는 이 세상에서 평화의 작은 낙원 같아서 새로운 생명의 상징이 됩니다.

희망의 자리인 공동묘지, 그야말로 그리스도교답습니다. 그것이 바로 순교자 신앙과 통하고, 부활의 믿음과도 통합니다. 그래도 여기에 이런 말을 덧붙여야만 하겠습니다. 희망으로 슬픔이 그저 저절로 사라지고 마는 건 아니라고요. 신앙은 참 인간적인 것이요, 정직한 것입니다. 신앙은 우리에게 새로운 지평, 위대하고도 위안을 주는 영생의 드넓은 지경을 언뜻 보여줍니다. 그러면서도 신앙은 또 우리가 있는 이 자리에 머물게 합니다. 하지만 슬픔을 억지로 몰아낼 필요는 없습니다. 그대로 받아들이면, 저 드넓은 지경의 모습을 통해 찬찬히 바뀌면서 우리 스스로를 정화시켜 오늘과 내일을 제대로 잘 볼 수 있게 해줍니다. 옛날 장례미사에서 알렐루야를 빼어 분명하게 슬픔의 자리를 제대로 마련한 것은 정말이지 인간적이었습니다. 우리가 우리 삶의 현재를 그냥 뛰어넘을 수는 없는 까닭이지요. 오직 슬픔을 받아들이는 가운데 우리는 어둠 속에서 희망을 찾아내는 법을 배울 수 있습니다.

이와 같은 맥락들이 이 공동묘지에 속하는 교회 안에 인상 깊게 표현되어 있습니다. 이 교회는 이탈리아 말로 마돈나 델라 피에타(Madonna della Pietà), 그러니까 연민의 동정녀(Liebe Frau vom Mitleiden)라 불리는, 아픔에 젖은 성모께 바쳤습니다. 누가 성모 마리아보다 더 단단히 부활을 믿을 수 있겠습니까? 누가 성모 마리아보다 더 희망을 확신할 수 있을까요? 그렇지만 성모님은 슬픔으로 괴롭습니다. 부활에 대해 확신하지만 그래도 죽음은 아픔을 주었습니다. 수난의 금요일 그 당장은 말할 수 없이 캄캄합니다. 사랑하는 이로서 성모님은 아파하십니다. 함께 사랑하는 이로서 함께 아파하십니다. 교회의 중앙 제단에 그려진 성모 마리아 모습은, 두 사람이 나르는 아들의 시신에 몸을 굽히고 있습니다. 그 얼굴에는 슬픔이 가득하지만, 그러면서도 자비가 가득합니다. 아픔은 저 자비로부터 나오기에 노여움이 없고, 두려움이 없습니다. 이 그림에서 우리는 위안을 얻게 됩니다. 이 그림에서 우리는 우리가 받아들인 슬픔이 우리를 더 성숙하게 만들고 더 깨끗하게 만들고 인생의 여러 가지 관점들을 더 잘 보는 데 도움이 된다는 사실을 배웁니다. 이 그림은 언제나 영원을 향하고 영원에 가까이 다가가라고 가르치고, 아픔을 짊어진 사람들과 함께 사랑하며 함께 아파하도록 우리를 돕습니다.

 이처럼 이 공동묘지가 주는 메시지는 다양합니다. 죽음과 영생을 일깨워줍니다. 그러면서도 지금 현재 우리의 삶, 우리 일상에 대해서도 이야기해 줍니다. 무상한 것과 영원한 것을 생각하도록 일깨워줍니다. 우리를 불러 척도들이며 목표에서 눈을 떼지 말라고 합니다. 우리가 가진 게 중요한 게 아니라 하느님 앞에서 우리가 사람들을 위해 무얼 하는 사람인지가 중요합니다. 이 공동묘지는 우리를 불러 성인들의 공동체로부터 벗어나지 않도록 살라고 합니다. 우리를 불러 살아가면서 죽음과 영생에서 남아 있을 수 있는 걸 찾고, 그런 사람이 되라고 합니다.

희망의 자리들
- 로마의 지하묘지들(Catacombe)

"무덤길을 따라 걸으며 우리는 과거의 나라에 왔다." 무너져 사라져버린 문화들을 탐구하는 위대한 인류학자인 요한 야콥 바흐오펜(Johann Jakob Bachofen, 1815-1887)은 19세기 자기 학문의 길을 이런 식으로 설명했습니다. 사람이란 존재가 생겨난 다음부터 사람들은 죽은 이들을 걱정하며 잘 보살핌으로써 죽은 이들에게 일종의 제2의 삶을 주려고 했습니다. 그래서 죽은 이들의 세계에는 전에 살아 있던 이들의 지난 세계가 그대로 남아 있습니다. 사람이 지켜낼 수 없는 걸 죽음이 보존한 셈이지요. 사람들이 살았던 모습이며 사랑했던 것, 두려워했던 것, 바랐던 것, 꺼렸던 것 – 이 모든 것들을 무덤만큼 정확하게 알아낼 수 있는 곳은 달리 없습니다. 무덤이야말로 죽은 이들이 살았던 세계의 거울입니다. 또 그 어디에도 지하묘지들에서처럼 초기 그리스도교도들을 그렇게 가깝고도 생생하게 경험할 만한 곳이 없습니다. 그 어두운 통로를 따라 걸어가자면 마치 우리 자신이 시간대를 넘어서 이

곳에 와서 아픔과 희망을 간직해두었던 사람들이 우리를 지켜보는 것만 같습니다.

그런데 대체 왜 그런 걸까요? 이유는 여러 가지일 수 있습니다. 그렇지만 진짜 이유라면 아무래도 죽음이 그때와 마찬가지로 오늘날의 우리에게도 중요한 문제이기 때문이 아닐까 합니다. 또 그 당시 것들 가운데 우리에게 낯선 게 그렇게 많지만, 그럼에도 죽음은 똑같은 것으로 남아 있다는 점도 그렇습니다. 자주 눈에 띄는 서투르게 새겨진 글자들은 부모와 자식들, 배우자들끼리 서로 바친 것들인데, 그 글자들과 그리고 그 글자들에서 말하는 아픔과 확신 속에서 우리는 우리 자신의 모습을 알아봅니다. 그뿐이 아닙니다. 죽음이라는 어두운 물음 앞에서 우리 모두는 우리에게 희망을 갖게 하는 발판을 찾으려 하고, 길 안내를 받고, 어떤 위안을 찾으려고 합니다. 지하묘지들의 길을 따라 끝까지 걸어본 사람은 그 묘지에서 들려오는 모든 인간적 슬픔의 연대감에 빠져들게 됩니다. 그런데 과거로부터 오는 멜랑콜리만큼은 전혀 느껴지지가 않는 것이, 저 슬픔은 밑바탕까지 그만큼 구원에 대한 확신에 차 있는 것입니다. 이 죽음의 길은 정말로 희망의 길입니다. 이 길을 가는 사람에게는 어쩔 수 없이 여기 있는 모든 그림들이며 낱말들이 이야기하는 희망이 얼마쯤이라도 함께 묻어가는 수밖에 없습니다.

이 모든 이야기를 했지만 죽음에 대한 우리 태도에 대한 이야기를 다 하려면 물론 아직 멀었습니다. 도대체 우리는 왜 죽음을 두려워할까요? 어째서 인류는 죽음 뒤에는 그냥 더 이상 아무것도 없다는 믿음을 결코 가져보려 하지 않았을까요? 이유들은 많습니다. 우선 우리가 죽음을 두려워하는 간단한 이유라면, 아무것도 없음(無, 허무)을 무서워하고, 아무것도 알지 못하는 것 속으로 밀려가는 것이 무섭기 때문입니다. 평생 이룩한 그 많은 위대한 일과 뜻깊은 일들이 한순간에 아무것도 없게 된다고는 도저히 믿을 수 없기 때문에 우리는 버티며 저 죽음에 반항합니다. 사랑은 영원을 요구하고 우리는 죽음이 가져오는 사랑의 파괴를 받아들일 수 없기 때문에 죽음에 저항합니다. 심판 같은 것이 있어서 심판에 임박하면 실패한 모든 것들에 대한 기억들, 평소 그렇게나 몰아내려 부심했던 그런 기억들이 가차 없이 밀려나오리란 느낌을 아무도 완전히 떨쳐낼 수 없기 때문에 우리는 죽음을 두려워합니다. 심판의 문제는 모든 시대에 걸쳐 무덤 문화에 그 자취를 아로새겨 놓았습니다. 죽은 이들을 에워싼 사랑으로 죽은 이가 보호되도록 하려고요. 죽은 이에게 그토록 많은 고마움이 함께 동반할 때 그것이 심판에서 아무 효과도 없을 수는 없다. 사람들은 그렇게 생각했고, 지금도 그렇습니다.

그렇지만 우리는 오늘날 합리적입니다. 적어도 그렇다고 생각은 합니다. 우리는 그저 대충으로 만족하지 않고 분명한 걸 바랍니다. 그렇기 때문에 죽음의 문제를 신앙의 방법으로 해결하려 하지 않고, 검증 가능하고 경험적인 지식들로 풀려고 합니다. 그래서 얼마 전에는 병원에서 죽은 이들에 대한 보고들이 지나치다 싶을 정도로 멋진 읽을거리가 되기도 했습니다. 물론 다시 퇴색해버리고 말았지만, 그런 보고들이 전하는 위안은 오래가지 않았습니다. 한두 시간 방안 어디선가 제 자신 위를 떠돌며 죽은 제 시신과 슬퍼하는 남은 이들을 바라보며 기분이 들뜨기도 하고 감동에 젖기도 하는 일이 아주 재미있을지도 모르겠지만, 영원토록 이런 식으로 제 스스로를 대할 수는 없는 노릇입니다. 경험적인 것을 찾아 헤매다가 사람들은 어느덧 아주 옛날의 원시 상태로 다시 돌아가거나 심령론에 빠지거나 아니면 어느 정도 과학으로 포장한 형식으로 죽음 저편의 세계와 직접 교류하는 쪽으로 빠지고 있습니다. 그렇지만 거기서도 마찬가지로 전망은 흐릿하니 어둡습니다. 사람이 찾아낼 수 있는 것은 고작 우리가 여기서 산 인생의 복사본일 뿐일 테니까 말이죠. 하지만 머물 곳도 없이 끝도 없이 또다시 그런 모습으로 영원히 존재해야만 한다고 할 때, 대체 그게 무슨 의미가 있겠습니까? 실제로 지옥의 모습이 정확히 바로 그런 모습일 것입니다. 두 번째로, 더 이상 정해진 기한도 없이 여기서 살았던 삶을 다시 사는 것은 정말이지 영겁의 벌일 따름입니다. 이승의 우리 삶에는 그 나름의 시간적 테두리가 있고, 그래서 견딜 수 있습니다. 영원히라면 견딜 수 없을 것입니다. 그런데 그다음은 도대체 어찌 될까요? 죽음은 바라지 않고 또 우리가 아는 삶도 영원히 계속되길 바라지 않습니다. 사람은 그 자체로 모순이요, 자연의 실수일까요?

이런 물음을 가슴에 품고 다시 한번 지하묘지의 길들을 따라 걸어가 봅시다. 오직 죽음 속에서 희망을 알아볼 수 있는 사람만이 이성적인 인생도 희망으로 살 수 있습니다. 이곳에 자기 신앙의 기호들을 남긴 저 사람들에게 지하 통로의 어둠 속에서 오늘날의 우리들에게까지 말을 건네는, 그토록 밝은 확신의 가능성을 준 게 무엇이었을까요? 먼저, 저 사람들은 사람이 저 혼자만 보자면, 오로지 경험 차원에서 다잡을 수 있는 것에만 한정하자면, 아무 의미도 없는 존재란 사실에 대해 아주 분명하게 알고 있었습니다. 그들은 또 우리의 여기 삶을 그저 무제한으로 연장하기만 하는 것은 부조리한 일이 되리란 사실도 분명하게 알았습니다. 한정된 시간의 이 세상에서도 고립은 치명적이고, 오로지 관계 속에 사는 것, 사랑만이 우리를 지탱하는데, 영원한 삶이야 더 말할 것 없이 오직 모든 시간성을 벗어나는 사랑의 전혀 새로운 전체성 속에서만 의미를 가질 수 있습니다. 그 당시 그리스도교도들이 이 사실을 알았기 때문에, 오직 하느님이 계셔야만 사람이 이해될 수 있다는 사실도 헤아렸습니다. 하느님이 계실 때, 이 '때'는 더 이상 '만일'이 아니고, 오직 여기서만 해답이 있습니다. 하느님은 헤아릴 길 없이 먼 곳에서 다가오시어 그들의 삶 속에 들어오셨고, "나는 부활이요 생명이다."(요한 11,25)라고 말씀하시는 이 속에 들어오셨습니다. 죽음의 어둠 속을 밝히는 말들이 더 있습니다. "나는 길이요 진리요 생명이다"(요한 14,6). 예수님이 당신이 매달리신 십자가에서 강도에게 하신 다음 말씀은 심판의 두려움에 밝은 빛을 비춰줍니다. "내가 진실로 너에게 말한다. 너는 오늘 나와 함께 낙원에 있을 것이다"(루카 23,43). 다른 것들은 다 제쳐두더라도 예수님은 부활하시었고, 이렇게 말씀하셨습니다. "내 아버지의 집에는 거처할 곳이 많다. […] 내가 너희를 위하여 자리를 마련하러 간다"(요한 14,2). 하느님은 이제 멀기만 한 '만일'이 아닙니다. 하느님은 와 계셨습니다. 정말로 존재하셨습니다. 당신 모습을 보여주셨고, 또 그분께 직접 다가갈 수도 있었습니다.

그리고 나면 다른 모든 것들은 저절로 다 해결이 됩니다. 하느님이 계시다면, 그리고 저 하느님이 사람을 바라셨고 또 여전히 바라신다면, 우리 사랑으로는 그저 마음만 간절할 뿐인 것, 사랑하는 사람을 죽음 넘어 살아 있도록 하는 일이 하느님의 사랑으로 얼마든지 가능할 게 분명하기 때문입니다. 충절과 신의의 상징들이 있는 우리의 공동묘지들은 본디 다른 사람을 어떻게든 지켜내려는, 그에게 또 한 자락 생명을 주려는 시도입니다. 그리고 실제로 우리 안에서 그 다른 사람 자신이 직접 사는 것은 아니지만, 그의 어느 부분이 살아 있습니다. 하느님은 더 많은 것, 추억이며 기억들과 영향들만이 아니라 사람들이 저마다 저 자신으로 존재하게끔 더 많은 것을 지켜주실 수 있으십니다. 이렇게 해서 그리스도교도들에게는 옛 철학의 시도들이 그 의미를 갖게 됩니다. 옛 철

157

학에서는 이렇게 말했습니다. "죽음 뒤에도 남고자 한다면, 영원한 것, 그러니까 진리며 정의며 선 같은 것들을 되도록 많이 얻도록 하라. 네 안에 그런 것들이 많을수록, 그만큼 너는 남아 있게 된다." 아니면 이렇게 말하는 편이 더 낫겠습니다. "영원에 속하고 그 영원성을 공유하려면 그 영원에 매달려야만 한다. 진리에 매달리고 불멸의 것에 속하는 일, 그것이 이제는 아주 생생한 현실이 되었고 아주 가까워졌다. 그리스도에 매달리면 된다. 그리스도께서 너를 이끌어 스스로 건너셨던 죽음의 밤을 건네주시리라." 이렇게 하여 불멸성에 의미가 생겼습니다. 이제 이 불멸성은 더 이상 이승 삶의 끝도 없는 복사본이 아니라 전혀 새로운 것이면서도 또 실제로 우리 자신의 영원성입니다. 하느님의 손안에 있는 것, 그래서 하느님이 우리를 위해 만드신 모든 형제자매들과 하나가 되는 것, 창조와 하나가 되는 것, 그렇게 될 때 비로소 진정한 삶이 됩니다. 저 삶이 지금의 우리에게는 그저 안개 속에서처럼 흐릿하게 보일 뿐입니다. 하느님 문제에 대한 대답 없이는 죽음은 어디까지나 무시무시한 수수께끼로 남고, 다른 대답은 어느 것 할 것 없이 모두 모순으로 빠지고 맙니다. 그렇지만 하느님이 계실 때, 예수 그리스도 안에서 모습을 보이신 하느님이 계실 때 영생이 있고, 그렇게 되면 죽음도 희망의 길이 됩니다.

이것이 바로 지하묘지들에 특별한 특징을 새겨 넣은 새로운 경험입니다. 시간의 횡포 탓에 그림들 가운데 많은 것들이 망가지거나 퇴색하였지만, 그 어느 것도 수백 년이 지나도록 그 속에 담긴 광채만큼은 다치지 못했습니다. 무엇보다 그 그림들을 태어나게 한 희망의 진리는 조금도 사라지지 않았습니다. 불구덩이 속에 사내아이들이 있습니다. 무시무시한 괴물의 배에서 나와 다시 빛을 본 요나가 있습니다. 사자 구덩이에 있는 다니엘과 그밖에 다른 많은 이들이 있습니다. 가장 아름다운 모습이라면, 길을 알기 때문에 그 캄캄한 죽음의 골짜기도 건널 줄 알기에 사람들이 두려워하지 않고 따를 수 있는 훌륭한 목자입니다. "주님은 나의 목자, 나는 아쉬울 것 없어라. […] 제가 비록 어둠의 골짜기를 간다 하여도 재앙을 두려워하지 않으리니 당신께서 저와 함께 계시기 때문입니다"(시편 23,1.4).

책을 펴내면서

7권째 번역

1927년생인 베네딕토 16세 은퇴 교황은 94세이다. 나는 대학을 정년퇴임한 지 6년이 된다. 지난 30년간 번역을 도와주시고, 오역을 지적해 주시고, 내용을 감수해 주신 분들 등 여러분의 도움을 받아 교황 저서 번역과 이해에 힘을 써 왔다. 이제 라칭거 추기경/베네딕토 16세와의 관계를 밝히는 것은 7권째 번역이 되는 『희망의 이미지』를 상재하는 데 어울릴 것 같다.

운명의 첫 만남

"다음 주에 라칭거 추기경 미사가 있다던데." 연구실을 함께 쓰는 스페인에서 온 로마법 교수의 말이다. 평소 라칭거를 좋아하는 줄 알기에 독일 신문에 라칭거 관련 기사만 나와도 알려주던 그 친구의 귀띔으로 뮌헨시 중심가에 있는 성 미카엘 대성당에서 라칭거 추기경의 사제 서품 40주년 기념미사에 참례하였다. 미사 후 성당 밖 마당에서는 바이에른 주지사가 주최하는 환영식이 있었다. 민속 복장을 한 바이에른 악대의 축하 연주를 끝으로 성당으로 들어가는 추기경께 다가가 인사를 드렸다. 한국에서 온 법학 교수인데, 추기경의 대담집 『신앙의 현황』(Zur Lage des Glaubens)을 번역해도 되느냐고, 한국어판 서문을 써주실 수 있느냐고 여쭈었다. 추기경은 다른 말씀 없이 "로마로 편지를 쓰라"고만 하셨다. 장래의 교황 베네딕토 16세와의 첫 만남이다. 이때가 1991년 6월이었으니 딱 30년 전의 일이다.

　당시 나는 알렉산더 폰 훔볼트 재단(Alexander von Humboldt-Stiftung) 초청으로 독일에서 연구 중이었다. 그런데 법학을 공부하러 간 독일에서 제일 먼저 구입한 책이 바로 그 책이다. 사람의 만남이 섭리인 게, 발단은 1990년 7월 독일로 떠나기 일주일쯤 전에 스페인 신부님으로부터 받은 작은 책자였다. 제2차 바티칸 공의회 이후의 가톨릭교회의 상황을 분석한 일본 교수의 논문 말미에 참고 문헌으로 맨 먼저 라칭거 추기경의 독일어 대담집이 실려 있었던 것이다. 이 책자는 라칭거 추기경이 교황청 신앙교리성 장관을 맡고 2년째 되던 1984년에 여름휴가를 보내던 이탈리아 북부의 한 신학교에서 비토리오 메소리라는 이탈리아 저널리스트와 가진 대담집이다. 『라칭거 리포트』(The Ratzinger Report)라는 영역본으로더 유명하다. 그런데 어학을 공부하느라 만하임에 있을 때 늘 다니는 성당의 매점에 그 책자가 있는 것이 아닌가.

대담에서 추기경은 제2차 바티칸 공의회 이후 잃어버린 것의 회복을 주장했다. '공의회의 정신'이라는 이름으로 행해진 수많은 개혁이라는 것이 실은 '공의회의 정신'(Geist des Konzils)이라기보다는 '공의회의 망령'(Konzils-Ungeist)이라 했다. 바오로 6세의 말처럼 '자기 비판'에서 '자기 파괴'로 나아간 것으로 보인다 했다. 흔쾌한 찬성과 격렬한 반발이 뒤따랐다.

첫 번째 대담집 서문

로마로 편지를 보냈으나 답은 없었다. 이듬해 독일 성지순례단에 끼어 로마에 갔다가 미네르바 성당에서 라칭거 추기경이 집전하는 미사에 참례했다. 미사가 끝난 후 추기경께 "말씀하신 대로 편지를 보냈는데, 비서실에서 편지를 아직 전해 드리지 못한 것 같군요."라고 했더니, 추기경은 웃으시며 "편지는 잘 받았지만, 식중독으로 고생하는 바람에 그간 답장이 많이 밀렸다."라고 하셨다. 그 자리에서 한국어판 번역 허가와 한국 독자들을 위한 인사말을 써주겠다는 약속도 얻어냈다.

번역이 거의 마무리되었다는 편지에 추기경은 약속대로 한국 독자들을 위한 독일어 서문을 보내왔다. 추기경은 자신의 첫 번째 대담집에 대한 비판을 알고 있었다. 일부를 인용해 본다.

참된 쇄신을 위해서도 복원은 필요

"주된 걸림돌은 '회복'(Restauration)이라는 표현입니다. 이 말은 현대의 지배적인 역사철학에서는 부정적인 개념이라는 것을 잘 알고 있습니다. 역사철학의 근본 사상을 이루는 것은 마르크스주의에서나 자유주의에서나 다 진보에 대한 신앙입니다. 그러니까 새로운 것을 더 나은 것으로 여기고, 과거의 것은 불충분한 것으로 여기는 신앙입니다. 그래서 마르크스주의자들만이 아니라 많은 이에게 '혁명'(Revolution)이라는 개념은 더 나은 세계에 대한 가장 거룩한 희망을 나타내는 일종의 성사적인 용어가 되었습니다. '개혁'(Reform)은 변혁과 새로운 것에 대한 용기가 모자람을 나타내는 것으로 여겨졌습니다. '회복'이라는 개념은 거의 독성적인 것, 옛것을 다시 세우려는 시도 같은 것으로, 자유주의 철학에서는 '회복'이 마르크스주의자들의 자주 쓰는 '반동'과 짝을 이루는 말입니다. 저 역시 역사에서 뒤로 돌아갈 수 없다는 것을 잘 알고 있습니다. […] 그렇지만, 어디서나, 특히 교회에서는 중요한 것이 파괴된 곳에서는 파괴 후 과거로 돌아가는 것은 아닐지라도 복원(Wiederherstellung)도 있어야 합니다. […] 과거에 대한 향수가 아니라 참된 쇄신을 추구하는 마음에서 나온 것임을 책을 잘 읽어보면 알게 될 것입니다."

"이 책의 내용이 비관적이라는 평가가 있습니다. 여기서도 우리는 다시 근대의 한 근본 입장에 직면합니다. 즉 진보신앙은 낙관주의가 되지 않을 수 없다는 것입니다. 저는 기회

163

있을 때마다 역사 발전을 판단, 평가하는 척도로서 낙관주의와 비관주의라는 범주를 사용하는 것은 도무지 적절치 않다는 것, 그뿐만 아니라 그것을 어리석은 일로 여긴다는 것을 밝혀왔습니다. 진보사관을 가지고 역사를 기본적으로 진단한다 할지라도 – 이것은 부분적으로만 정당할 뿐입니다 – 모든 구체적인 발전 형태를 낙관적으로 평가해야 한다는 결론은 나올 수 없습니다. 어느 사회건 저마다의 가치 기준이 있을 것입니다. 교회의 가치 기준은 교회의 믿음입니다. [⋯] 따라서 교회의 발전은 교회의 믿음으로 판단해야 합니다. [⋯] 지난 20년 동안 교회 안에서 이루어진 발전의 구체적인 과정을 사회학적으로, 비판적으로 평가하였습니다. 흡인력과 생명력의 상실이 너무도 명백하였고, 외적인 활력의 상실이 교회의 내적인 힘을 등한시하는 결과와 믿음과 희망과 사랑의 태만을 가져왔기 때문입니다."

　미지의 한국 독자들에게 보내는 정다운 인사말 수준이 아니라, 대담집을 둘러싼 세계적 규모의 논란에 대한 정면 응수가 아닌가. 이런 명문을 한국어로만 묵혀 둘 수는 없다는 일본 학자의 제안으로 이 글은 훗날 독일의 한 신학 잡지에 「신앙의 현황 – 그 후 10년」이라는 제목으로 실리게 된다.

두 번째 대담집 『이 땅의 소금』

몇 년 후 추기경의 또 다른 대담집 『이 땅의 소금 – 삼천년 기의 문턱에서 본 그리스도교와 가톨릭교회』(Salz der Erde)가 출판되었다.

대담자 페터 제발트(Peter Seewald, 1954~)는 유별난 저널리스트이다. 소년 시절 신앙을 잃고 날마다 프롤레타리아의 해방전쟁이나 입에 올리고 살던 극렬 공산주의자였다. 모택동 사상에 물들어 일찍이 고등학생 시절 좌익 신문을 발행했으니 고등학교 졸업장을 제대로 받았을 리가 없다. 그런 문제아가 이른바 독일 지성을 대변한다는 '슈피겔'(Der Spiegel)지에 입사한 것은 순전히 자신의 반종교적 입장에 근거한 날카로운 분석과 문장력 때문이었다. 6년 간 기자 생활을 하면서 그는 해마다 12월 25일 크리스마스와 4월 부활절 때마다 빠짐없이 가톨릭교회를 공격하는 직격탄을 날려 독자들의 환영을 받았다.

그 후 그는 '쥐드도이체 차이퉁'(Süddeutsche Zeitung, 남독일 신문)으로 옮겨 문화와 종교 분야의 심층 기사로 이름을 날린다. 그 신문사는 그더러 보수의 선봉장 라칭거 추기경 비판 특집을 꾸미라고 한다. 제발트는 되도록 더 효과적으로 가톨릭교회를 비판하고 추기경을 공격하고 싶었다. 준비 차 그는 추기경의 저술과 제2차 바티칸 공의회 문헌을 포함한 교회 문헌을 연구하기 시작하였다. 그러다가 생각이 차츰 바뀐다. 라칭거를 정면 비판하려면 라칭거를 맞대면해야만 하겠다고.

극렬 반가톨릭주의자와의 대담

제발트는 로마에 있는 라칭거 추기경에게 장시간 대담 신청을 냈다. 좋다는 연락이 왔다. 추기경은 그의 과거나 신분에 관해 아무것도 묻지 않았다. 어떤 질문도 미리 알려고 하지 않았으며, 무엇을 삭제하라든가 첨가하라고 요구하지도 않았다. 만남의 분위기는 강도 높고 진지했지만, '교회의 귀족' 라칭거 추기경은 의자에 앉아 발을 의자 걸이에 올리고 마치 대학생과 대화라도 하듯이 가벼운 자세로 대담하였다. 처음 만난 반교회적 저널리스트에 대한 추기경의 유일한 요구는 단 한 가지, 출판되기 전에 한번 원고를 읽게 해 달라는 것이었다. 두 사람의 대담 주제는 교회 안의 대립, 세속에서 본 교회, 교회와 사회, 교회와 국가, 교회와 국제정치의 접점에 서는 문제들뿐이었다. 궁지에 몰린 로마, 교회 쇠퇴의 원인, 교회의 오류, 비판의 쟁점들, 무류성의 도그마, 사제 독신 제도, 여성 사제 문제, 피임, 낙태, 이혼과 재혼, 교회 일치와 통일성, 이슬람과 유대교의 문제 등을 도마 위에 올려놓았다.

추기경께 성탄 카드를 보내면서 그 책을 다시 번역하고 싶다는 뜻을 피력하였다. 물론 추기경은 좋다고 하였다. 1999년 여름 나는 다시 두 달 정도 독일을 방문하였다. 체류비를 지원해 준 알렉산더 폰 훔볼트 재단에는 법학 관련 주제 외에 아예 『이 땅의 소금』을 잘 번역하기 위해 독일을 찾는다고 했다. 페터 제발트라는 사나이를 직접 만나 보았다. 고등학교도 마치지 못한 채 사회로 던져진 문제아 저널리스트의 면모가 궁금하였다. 질문지를 어떻게 작성했고, 어떤 식으로 대담을 진행했는지 등등 알고 싶은 것이 많았다. 제발트는 라칭거를 만나고부터 서서히 제정신이 들었다. 『이 땅의 소금』은 그가 반(反) 교회에서 친(親) 교회로 돌아서는 중간 단계에서 작성된 것이다. 요즘에는 자기가 일했던 '슈피겔'지 같은 것은 읽지도 않는다고 했다. 제발트는 자신을 라칭거 덕택에 교회로 '돌아온 탕자'로 비유하였다.

베네딕토 16세와의 세 번째 만남

독일 체류 중 나는 가능하면 8월 1일부터 5일 사이에 추기경을 뵙고 싶다는 뜻을 신앙교리성 장관 비서실에 전하였다. 비서실에서는 그 기간이 추기경의 휴가 기간이라면서, 추기경의 형 게오르그 라칭거 몬시뇰과 연락하라는 말과 함께 전화번호를 알려 주었다. 오스트리아 신자들과 함께 마리아첼(Mariazell)이라는 유명한 성모 발현지까지 사흘 동안 걸어서 가는 성지 순례에 동참하던 나는 여러 날 주저 끝에 마리아첼에 당도하자 기어이 몬시뇰께 전화로 나의 하숙 전화번호를 알려 드리고 말았다.

하지만 8월 4일까지도 기별이 없자 몬시뇰께서 동생의 휴가 기간을 건드리고 싶지 않으신 모양이구나 하고 포기하던 차였다. 그런데 일은 8월 5일에 벌어졌다. 저녁 무렵 귀가해 보니 추기경께서 두 번이나 전화하셨다는 것이다. 저녁 약속

이 있어 나갔다가 돌아오니, 추기경께서는 다시 전화하시어 하숙집 할머니로부터 나의 일정을 들으시고 다음 날 아침 미사 뒤에 만나면 좋겠다고 말씀하셨다는 이야기였다. 뮌헨에서 열차 편으로 파리로 가기로 했던 일정을 바꾸어 급거 레겐스부르크 근처의 말러스도르프에 있는 수도원으로 가 추기경을 뵈었다.

세 번째 만남이자, 가장 개인적인 만남이었다. 화제는 주로 교회 일치와 제2차 바티칸 공의회 이후 공의회의 '정신'을 빙자한 신앙과 전례의 붕괴 같은 것이었다. 하지만 기차 시간에 쫓겨, 서둘러 무릎을 꿇고 추기경의 강복을 받은 후, 예약해 둔 택시에 몸을 실어야 했다. '요즘도 그렇게 모차르트 음악을 자주 들으시는지', '휴가 기간에는 어떻게 소일하시는지'와 같은 정말 궁금했던 것은 하나도 묻지 못했던 것이 오랫동안 아쉬움으로 남았다.

한국과 한국교회에 관한 관심

그 후 훗날의 교황 베네딕토 16세는 말러스도르프 수도원에서의 만남에 대한 언급과 함께 한국어판 독자들을 위한 서문을 보내주셨다. 이 서문으로 교황이 한국을 방문하신 적은 없으나, 한국 사회와 한국교회에 관한 관심과 이해가 대단함을 알았다. 베네딕토 16세는 이 글에서 한국교회를 다음과 같이 평가하셨다.

첫째, 한국교회는 선교사의 선교가 아니라 자생적으로 형

성된 교회이다.

둘째, 한국교회는 수많은 순교 성인을 배출한 자랑스러운 신앙의 역사가 있다.

셋째, 그 한국교회가 독재 치하에서는 인권과 자유의 보루이지 않았던가.

넷째, 그런데 한국교회는 현재 세계화의 과정에 있고, 한국 사회는 현대적 세속주의의 도전을 받고 있다. 북쪽에서는 마르크스주의적 세속주의, 남쪽에서는 기술지상주의, 시장원리라는 세속주의.

그러면서 베네딕토 16세는 덧붙이신다.

교회와 정치

"교회는 정치 체제에 봉사하지 않습니다. 그것이 아무리 훌륭하게 고안된 정치적 이상향이라 할지라도 언제나 정치적 영역에 속하는 이상 그것을 위해 일하지 않습니다. 교회는 정치가 절대적이라는 생각에 반대합니다. 정치는 인간 실존의 중요한 요소이기는 하지만 전부는 아닙니다. 교회가 어떤 정치 체제에도 봉사하지 않고 또 무엇보다 스스로를 정치 권력화하려고 애쓰지 않는 가운데 오로지 하느님의 진리를 증언하고 진리에 이르는 자유를 추구하며, 때로는 순교의 길을 택하면서까지 헌신할 때에만 교회는 신뢰할 수 있게 되며, '이 땅의 소금'이 됩니다"(『이 땅의 소금』 한국어판 서문).

169

"모차르트론을 쓰시라"

그 후 제발트의 또 다른 대담집 『하느님과 세상』이 나왔고, 이번에도 추기경께서는 한국 독자들을 위한 멋진 서문을 보내 주셨다. 그러는 가운데 추기경과는 제법 깊이 있는 소통도 가능했다. 예를 들면, 『하느님과 세상』을 보니 '과연 추기경께서 이러한 답을 하셨단 말인가? 혹 페터 제발트가 편집하는 과정에서 적당히 덧붙인 것은 아닐까?' 하는 의문이 드는 곳이 있었다. 아무래도 그대로 번역하기는 어색하여 신앙교리성 장관 라칭거 추기경께 직접 여쭈었다. "추기경님, 이 부분 추기경님 말씀 맞나요? 혹 이러이러한 의미가 잘못 표기된 건 아닌가요?" 추기경께서는 메일로 "맞다. 당신 말이 맞다. 당신 풀이대로 옮겨도 되고, 아예 지워도 된다"라고 하셨고, 이어서 주한 교황청 대사관을 통하여 우편으로도 같은 뜻을 알려 주셨다.

또 한 가지 소통이라면 열렬한 모차르트 팬으로서의 교류이다. 『이 땅의 소금』에서는 "모차르트의 음악은 단지 즐기기 위한 음악이 아니다. 그의 음악에는 인생살이의 온갖 비극이 다 들어 있다."라고 하셨다. 나는 추기경께 모차르트론을 쓰시라고 부추긴 적이 있다. "저명한 개신교 신학자 칼 바르트나 말썽꾸러기 신학자 한스 큉도 모차르트론을 썼잖아요. 모차르트에 대한 새로운 감동을 받습니다. 하지만 군데군데 이데올로기적인 억지가 드러나 한편으로는 모차르트를 망칩니다. 추기경님이 쓰신다면 이분들이 쓴 모차르트론보다는 한 수 위가 될 거예요. 절대와 무한을 향해 열려 있는 신앙과 학문과 교양이 녹아들고요. 유행을 타지 않는 고전이 될 것입니다. 추기경님께서 하실 수 있는 인류 문화에 대한 또 다른 방식의 기여가 아니겠습니까" 등등. 이러던 가운데 2005년 4월 콘클라베에서 요셉 라칭거 추기경은 265대 교황 베네딕토 16세로 선출되셨다.

'지혜와 겸손'

내가 베네딕토 16세 교황으로부터 받은 인상은 '지혜와 겸손'이다. 독일인 교황은 서양인치고는 단아한 체구지만 얼굴에서 대 신학자다운 지혜가 번뜩인다. 이 시대의 위대한 현인, 확고부동한 면과 따뜻하고 소박한 경건성을 느끼게 한다. 누구나 그를 만나면 압도되지만 떨게 하지는 않는 분이라는 평가가 맞다는 것을 느낄 것이다. 대담자 페터 제발트는 나에게 "교황은 대단한 인내자, 교회의 위대한 현인이라는 인상을 받았다."라고 말했다. "허영이니 교만은 전혀 없이 자신의 일에 몰두하는 그런 분의 모습"을 보았다는 것이었다. "스스로 교회를 위해 진정 어린 시중을 드는 모습"이요 "입으로만 이야기하는 것이 아니라, 자기의 입을 통하여 더 높은 것, 즉 성령의 말씀이 함께 깃들 수 있기를 충심으로 바라는 모습" – 이런 모습은 "진정한 신앙에서 비롯하는 것이 아닐까 추측한다는 것"이다. 진선미는 결국 한 곳에 귀결된다던가? 나는 믿음, 학문, 교양, 경륜, 예술에 대한 조예, 이러한 것들이 그대로 한 몸에 구현된 인물을 1991년 이래 30년 동안 보아 온 셈이다.

교황 베네딕토 16세의 예술론

『희망의 이미지』는 말하자면 베네딕토 16세 교황의 예술론의 발로이다. 미술에 관한 교황의 말씀을 듣다 보면, 예술 면에서도 가톨릭과 개신교 간에는 엄청난 차이가 있다는 걸 부인할 수 없다. 교황의 "예배를 위한 미술의 기본 원칙"을 정리하다 보면(『전례의 정신』) 공의회 이후 지난 50년 이상의 교회의 '개혁'에 대한 자연스러운 의문이 솟는다.

첫째, "미술은 하느님께서 인간이 되셨다는 그리스도교 신앙에 부합한다. 눈으로 볼 수 없는 하느님의 신비가 가시화되어 드러난 아름다움(즉, 미의 형상들)은 그리스도교 전례에 속한다. 성상 파괴 운동은 그리스도교에서 취할 바가 아니다." 그럼 우리는 공의회 이후 새로운 형태의 성상 파괴 운동을 어떻게 보아야 할 것인가?

둘째, "성화는 그 내용을 성경에 나타난 구원의 비유에서 찾는다. 그 내용은 천지창조에서 시작하며 첫째 날부터 여덟째 날, 즉 역사의 직선이 완전하게 원을 이루는 부활과 재림에 이른다." 그럼 우리는 현대의 실질적 "부활 및 재림" 부정 신학을 어떻게 보아야 할 것인가?

셋째, "하느님 역사의 성상들은 지난 과거의 사건들을 보여 주는 데 그치지 않으며 그 안에서 하느님 행위의 내적 통일성을 나타낸다. 성화의 중심은 그리스도의 모습이다. 성화의 핵심은 파스카 신비이다. 그리스도는 십자가에 달리신 분, 부활하신 분, 재림하실 분으로, 드러나지 않은 은밀한 지배자로 묘사된다. 그리스도의 성화는 이 세 가지 측면을 모두 담고 있어야 한다." 그럼 오늘날의 모던한 성상들을 어떻게 보아야 하는가?

넷째, "그리스도의 성화나 성인들의 성화는 결코 사진이 아니다. 성화의 본질은 물질적으로 확인될 수 있는 차원을 벗어나 내면의 감각을 일깨우며 가시적인 것에서 비가시적인 것을 포착해 새로 보는 법을 가르친다. 성화 속에 담긴 성스러움은 내적 명상의 결실이다." 신앙 없이 훌륭한 성화가 가능할까?

다섯째, "성화(전례와 관련된 교회 공간에 속하는)와 일반 종교 미술은 구별되어야 한다. 성화에는 순수한 개인의 생각이 존재할 수 없다. 즉, 사물 속에 깃든 로고스를 부정하고 겉으로 드러나는 감각을 고착하는 미술 형식들은 성화가 갖는 의미와는 부합하지 않는다. 전례에 합당한 예술은 믿음 없이는 존재할 수 없다." 우리가 오늘날의 교회 미술을 무관심하게 넘길 수 없지 않은가?

여섯째, 그럼 예배를 위한 미술은 온통 옛것뿐으로 새로운 것은 허용하지 않는다는 말인가? 아니다. "바라보는 신앙이 있다면 예술 역시 올바른 표현을 발견할 것이다." 그렇다면 재능보다 중요한 것이 신앙이라는 뜻 아닌가?

『희망의 이미지』

이 책에서 저자는 섬세한 감각으로 몇 쪽의 그림들에 담긴 고유한 언어들을 오늘날의 우리가 이해할 수 있는 내용으로 옮긴다. 그러는 가운데 그림들은 그저 교회의 희망을 담은 표현들로 끝나는 게 아니라, 사람들 저마다의 희망을 위한 바탕이 되는 온갖 접점들이 되는 것이다.

교황의 말씀마따나 제대로 보고 '읽을' 줄 안다면, 그림들은 수많은 말보다 더 많은 말을 할 수 있다. 교황은 풍부한 지식과 그림 나름의 언어에 대한 매우 섬세한 감각으로 그림들 속에 담긴 깊은 내용을 들춰 보여 주신다.

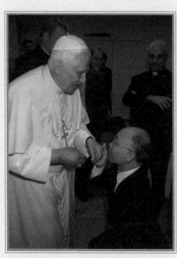
▲ 교황 베네딕토 16세를 알현하는 역자

'희망의 이미지' - 이 말은 세 겹의 뜻으로 이해해야 한다. 여기서 풀이되는 그림들은 교회의 희망을 그대로 담아냈고, 성공한 삶의 본보기가 되었으며, 보는 이로 하여금 그 나름의 신앙을 다져 세우도록 하는 것이다.

나는 영광스럽게도 이 책에 1999년 8월 '요셉 라

칭거 추기경'의 서명을
받았고, 2017년 2월에는
'교황 베네딕토 16세'의
서명을 받았다. 2007년
뮌헨 대학 체류 중에 초
벌 번역을 마쳤고 2013
년 9월 레겐스부르크 대
학교 신학대학 대신학교
건물에 있는 교황 베네
딕토 16세 연구소(Institut
Papst Benedikt XVI.)에 체
류하면서 손질을 더했다.

▲ 독일어판에 직접 받은 1999년 8월 6일 라
칭거 추기경의 서명과 2017년 2월 9일 베네
딕토 16세 교황의 서명

 이 작은 책자의 저작권은 헤르더 사(Verlag Herder)와 요한네
스 사(Johannes-Verlag) 두 곳에 속한다. 에이전트를 거치지 않
고 번역 출판 허가를 받은 것은 2017년 여름 교황 일반알현
때 헤르더사의 사주 마누엘 헤르더(Herr Manuel Herder) 씨를
만난 인연이 있어서이다. 두 출판사 모두 초판에 한하여 저
작권료를 면제한다는 파격적인 조건으로 출판을 허락해 주었
음을 감사하는 마음으로 밝힌다. 아울러 어려운 여건 속에서
기꺼이 출판을 맡아주신 위즈앤비즈의 김상인 필립보 신부님
의 호의에 감사한다.

2021년 2월 재의 수요일 정 종 휴

처음 실린 곳

- 「구유가의 황소와 나귀」(*Ochs und Esel an der Krippe*) – J. Ratzinger, Licht, das uns leuchtet, Herder Freiburg·Basel·Wien 1978, S.25–37

- 「로마 시내 산타 마리아 마죠레 바실리카에 담긴 뜻」(*Die Weihnachtsbotschaft in der Basilika Santa Maria Maggiore zu Rom*) – M. Schneider / W. Bernschien (Hg.), Ab oriente et occidente. Kirche aus Ost und West. Gedenkschrift für W. Nyssen, EOS St. Ottilien 1996, S.361–366.

- 「사랑으로 앉은 윗자리 – 로마 성 베드로 대성당의 제대」(*Vorsitz in der Liebe. Der Cathedra - Altar von St. Peter zu Rom*) – E. Kleindienst G. Schmuttermayr (Hg.), Kirche im Kommen. Festschrift für Bischof J. Stimpfle, Propzläen Berlin 1991, S.423–429.

- 「그 소리 잘 들리네」(*Die Botschaft hör ich wohl…*) 신문에 발표.

- 「사라의 웃음」(*Das Lachen Saras*) Das Lamm erlöste die Schafe. Betrachtungen zur österlichen Symbolik 〈 J. Ratzinger, Schauen auf den Durchbohrten. Versuch einer spirituellen Christologie, Johannes–Verlag Einsiedeln 2, 1990, S. 93–101.

- 「성령과 교회」(*Der Heilige Geist und die Kirche*) – A. Coreth / I. Fux, Servitium pietatis. Festschrift für Kardinal Groer zum 70. Geburtstag, Salterrae Maria Roggendorf 1989, S.91–97.

176